Folgende Märchen hat Käthe Recheis verfasst:
Liang, der Blumenfreund
Cinderella
Dornröschen
Das allerwinzigste Elfenmädchen
Die jüngste Fee
Das Jadehirschlein

Diese Märchen stammen aus der Feder von Friedl Hofbauer:
Prinz Achmed und die Fee Peri Banu
Das silberne Glöckchen
Eine Fee aus Mexiko
Die Mondfee
Tom, der Reimer
Der Zarensohn und die Feentochter

Bibliografische Information der Deutschen Bibliothek
Die Deutsche Bibliothek verzeichnet diese Publikation in der
Deutschen Nationalbibliografie; detaillierte bibliografische Daten
sind im Internet über http://dnb.ddb.de abrufbar.

© 2008 by Residenz Verlag
im Niederösterreichischen Pressehaus
Druck- und Verlagsgesellschaft mbH
St. Pölten – Salzburg

www.residenzverlag.at

Text: Käthe Recheis und Friedl Hofbauer
Illustrationen: Annett Stolarski
Satz: Ulli Faber
Gesamtherstellung: Druckerei Theiss, St. Stefan

ISBN 978 3 7017 2037 8

Käthe Recheis · Friedl Hofbauer

DAS LÄCHELN DER MONDFEE

Feenmärchen aus aller Welt

Mit vielen Bildern von
Annett Stolarski

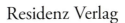

Residenz Verlag

Es ist sehr lange her. Weit, weit von hier lebte einmal eine schöne, junge Frau. Sie hieß Mei-Lin. Die schöne, junge Mei-Lin wohnte am Hof des Kaisers von China. Jeden Abend sang und tanzte sie im kaiserlichen Birnengarten. Sie tanzte so wunderbar leicht, dass ihre Füße den Boden nicht zu berühren schienen, und wenn sie sang, klang ihre Stimme silberklar wie eine Flöte.

Die schöne Mei-Lin hatte einen Mann, der Yang hieß. Yang war ein guter Jäger. Seine Pfeile trafen immer ihr Ziel. Einmal ritt er auf die Jagd und kam an einen grünen See. Am Ufer stand eine wunderschöne, ganz stille Frau, sie trug ein Kleid, das so grün war wie der See. Die Frau winkte Yang zu sich und schenkte ihm ein Büschel Kräuter, dann verschwand sie. Das Kräuterbüschel roch, wie kein Kräuterbüschel auf der Welt riecht. „Wer kann die schöne, stille Frau in dem grünen Kleid gewesen sein?", dachte Yang. „Eine Fee?" Er ritt heim, versteckte das Kräuterbüschel in seinem Zimmer und wusste nicht einmal recht, warum er es tat.

Und wieder einmal ritt Yang auf die Jagd. Seine Frau Mei-Lin langweilte sich, ging durch alle Zimmer und fand das Feenkräuterbüschel. Neugierig kostete sie davon ein Spitzchen. Kaum hatte sie es auf der Zunge, hob die

Luft sie auf, und Mei-Lin schwebte aufwärts zu den Wolken, bis zum Mond. Dort sah sie das Mondschloss leuchten, lief hinein und wurde zur Mondfee.

Als Yang an diesem Abend von der Jagd zurückkam, war seine Frau fort. Er suchte sie im Haus und im Garten und bei den Nachbarn, aber niemand wusste, was aus Mei-Lin geworden war. Yang ging traurig wieder heim. Als er durch die Tür trat, merkte er plötzlich, dass das ganze Haus nach dem Kräuterbüschel roch, das die schöne, stille Frau am See ihm geschenkt und das er vor Mei-Lin versteckt hatte. Und dann sah er das Kräuterbüschel auf dem Fußboden liegen und sah, dass ein grünes Spitzchen daran fehlte. Da wusste er, dass Mei-Lin ihn verlassen hatte und für immer fort war. Der Duft der Feenkräuter hüllte ihn ein, und wie betäubt ging auch er fort. Er ging und ging, das Kräuterbüschel in der Hand, und stand auf einmal an dem grünen See, von dessen Ufer die stille Frau im grünen Kleid ihm gewinkt hatte. Ob er die schöne, stille Frau dort wieder getroffen hat oder was sonst mit ihm geschehen ist, weiß niemand.

Einmal saß der Kaiser von China mit seinem Magier, einem weisen Mann, zusammen in seinem Birnengarten. Es war eine klare Herbstnacht. Der Mond stand am Himmel. Der Wind raschelte in den Blättern, bis sie tanzten, und das erinnerte den Kaiser an die schöne Mei-Lin. Und als er hinauf zum Himmel schaute, war ihm, als sehe er sie auf der leuchtenden Mondscheibe tanzen, und er rief: „Wär ich doch oben auf dem Mond!"

Da nahm der Magier ein Bambusrohr und warf es in die Luft. Das Bambusrohr verwandelte sich in eine Brücke. Die führte bis in den Himmel. Der Kaiser und der weise Mann stiegen auf der Brücke zum Mond hinauf. Dort sahen sie das Mondschloss leuchten. Ein blühender Baum stand daneben. Seine Blüten dufteten nach Sternen und Mandeln und Aprikosen.

„Gehen wir doch in das Schloss hinein", sagte der Kaiser.

Das Mondschloss war aus Silber und Kristall gebaut, und überall gab es Teiche aus Glas. Gläserne Goldfische schwammen in den Teichen und schlugen mit ihren Schwänzchen. Gläserne Vögel schwirrten zwischen den Säulen und Säulchen des Mondschlosses. Der Kaiser und der weise Mann konnten sich nicht sattsehen.

Plötzlich stand die Mondfee vor ihnen und sie erkannten in ihr Mei-Lin. Ihr Kleid schimmerte wie der Regenbogen. Sie lachte, und das klang wie das Läuten kleiner, gläserner Glocken.

„Herzlich willkommen!", sagte Mei-Lin zu dem Kaiser und dem Magier. „Wie seid ihr denn heraufgekommen?" Dann winkte sie, und weiße, gläserne Vögel kamen geflogen. Mondmädchen saßen auf dem Rücken der Vögel, sprangen ab und tanzten um den blühenden Baum, und dazu erklang leise Mondmusik. Der Kaiser und der weise Mann summten die Melodie mit, und Mei-Lin tanzte.

Als der Tanz zu Ende war, wanderten der Kaiser und der weise Mann wieder zur Erde zurück. Weil sie nicht von einem Feenkräuterbüschel gekostet hatten, durften sie nicht auf dem Mond bleiben. Der Kaiser ließ aber von seinem Hofmusikmeister die Mondmusik aufschreiben und sie auf Flöten aus grüner Jade in seinem Birnengarten spielen.

Es war einmal ein reicher Kaufherr, der in zweiter Ehe eine Frau zur Gattin nahm, die stolz und hochmütig war und herzlos noch dazu. Von ihrem früheren Mann hatte sie zwei Töchter, die waren – falls das überhaupt möglich war – noch stolzer, noch hochmütiger und herzloser. Von seiner ersten Frau hatte auch der Kaufherr eine Tochter, sie war das Gegenteil ihrer Stiefschwestern und so schön und liebenswert wie kein anderes Mädchen im ganzen Land.

Bald nach der Hochzeit starb der Kaufherr, und nun zeigte die Witwe ihr wahres Gesicht. Ihre Stieftochter musste die hübschen Kleider ausziehen und erhielt dafür ein schäbiges, graues Kittelchen. Sie durfte nicht mehr mit den anderen zu Tisch sitzen, sie musste die Küche und das Haus fegen, Töpfe und Pfannen scheuern und alle schweren und schmutzigen Arbeiten verrichten.

Die Zimmer ihrer Schwestern waren nobel eingerichtet, sie schliefen unter den feinsten Daunendecken, und jede hatte einen Spiegel, in dem sie sich von oben bis unten bewundern konnte. Sie selbst aber musste in einer winzigen Dachkammer auf einem harten Strohsack schlafen.

Tagsüber fand sie nie Zeit sich auszuruhen. Abends saß sie erschöpft in der Asche neben dem Herd. Die Stiefschwestern verspotteten sie deshalb und nannten sie nur noch „Cinderella! Aschen-Ella!"

Das Leben des armen Mädchens wäre unerträglich gewesen, hätte sie nicht eine Fee als Taufpatin gehabt. Waren die Witwe und die Stiefschwestern zu Besuch bei einer der anderen reichen Familien, erschien die Fee – wie es

Art der Feen ist – auf einmal in der Küche, obwohl niemand hätte sagen können, wie sie in das Haus gekommen war. „Liebes Patenkind, sei nicht traurig", pflegte sie Cinderella zu trösten, „auch ein Aschenmädchen kann sein Glück machen. Eines Tages werden dich deine Schwestern beneiden und wünschen, sie wären so glücklich, wie du es sein wirst."

„Und dann", sagte Cinderella, „soll es ihnen schlecht ergehen, und wenn sie Asche fegen müssen, werde ich sie verspotten."

„O nein", sagte die Fee, „das wirst du nicht tun. Du willst doch nicht so sein, wie sie es sind. Und außerdem – wer glücklich ist, hat keine bösen Gedanken."

Am nächsten Morgen, als Cinderella die Stiefschwestern kämmen und frisieren musste, denn sie hatte geschickte Hände, dachte sie an die Worte

der Fee und zog die Schwestern nicht an den Haaren und stach sie nicht mit den Haarnadeln. Von Tag zu Tag aber fiel es ihr schwerer, das nicht zu tun.

Die Zeit verging. Cinderella war und blieb das Aschenmädchen und konnte nicht an das Glück glauben, von dem die Fee gesprochen hatte. Es begab sich aber, dass der König des Landes zu Ehren des Prinzen, der von der Universität heimgekommen war, ein großes Fest veranstaltete. Drei Tage sollte es dauern, mit einem Ball an jedem Abend. Alle angesehenen Familien wurden ins Schloss geladen, das auf einem Hügel nahe der Stadt stand.

Auch die Witwe und ihre zwei Töchter erhielten eine Einladung, denn sie gehörten zur vornehmen Gesellschaft. Sie bestellten bei der besten Schneiderin im Land die teuersten Ballkleider. Als der erste Festtag kam, musste Cinderella treppauf und treppab laufen, weil einmal das gebraucht wurde, dann jenes. Die Stiefschwestern badeten in duftendem Wasser, fasteten und durften nicht einmal ein Krümelchen essen, damit sie am Abend die Mieder eng schnüren konnten. Sie standen vor ihren Spiegeln, drehten und wendeten sich und fanden sich über alle Maße schön. Cinderella musste die Stiefschwestern noch kunstvoller frisieren als sonst. Während sie der einen das Haar aufsteckte und der anderen die Locken wickelte, konnte sie an nichts anderes denken als an das Fest oben im Schloss. Sie wünschte sich so sehr dabei zu sein, dass es wehtat.

„Cinderella", spottete die ältere Schwester, „möchtest du nicht wie wir auf den Ball gehen?"

„O ja, das möchte ich", antwortete Cinderella.

„Du auf dem Ball!", riefen die Schwestern. „In dem armseligen Kittel! Mit der Asche im Gesicht! Glaubst du, der Prinz tanzt mit einem Aschenmädchen?" Und die Schwestern lachten so sehr, dass ihre Miederbänder platzten und Cinderella sie von neuem schnüren musste.

Am Abend fuhr eine Kutsche vor, und die Witwe und die Stiefschwestern – prächtig herausgeputzt – stiegen ein. „Feg die Küche! Feg den Herd!", riefen sie Cinderella zum Abschied zu.

Cinderella ging in den Garten. Oben auf dem Hügel erstrahlte das Schloss im Lichterglanz unzähliger Kerzen. Da setzte sich Cinderella ins Gras und weinte, als müsste ihr das Herz brechen.

„Patenkind, warum weinst du?", fragte eine sanfte Stimme, und als Cinderella aufblickte, stand die Fee vor ihr.

„Ich … ich", schluchzte Cinderella.

„Du brauchst es mir nicht zu sagen", fuhr die Fee fort. „Ich weiß es. Du möchtest wie deine Schwestern oben im Schloss sein und mit dem Prinzen tanzen."

„Mit so jemandem wie mir würde er bestimmt nicht tanzen", sagte Cinderella. „Bloß dabei sein möchte ich!"

„Warum nicht?", fragte die Fee. „Hübsche Mädchen wie du sollen tanzen und fröhlich sein und nicht dasitzen und weinen." Sie schaute prüfend im Garten umher, ihr Blick fiel auf das Kürbisbeet und sie nickte zufrieden. „Genau das ist es, was ich brauche. Könnte nicht besser sein. Patenkind, bring mir den größten Kürbis aus dem Beet."

Cinderella schnitt den größten Kürbis ab und brachte ihn ihrer Patin, obwohl sie nicht wusste, wie ein Kürbis ihr helfen sollte, auf den Ball zu gehen.

Die Fee hob ihren Zauberstab, silberne und goldene Funken sprühten – und aus dem Kürbis war eine goldene Kutsche geworden.

„Die Kutsche haben wir", sagte die Fee, „aber ohne Pferde nützt sie uns nichts. Liebes Patenkind, habt ihr Mäuse im Haus?"

„Ja!", rief Cinderella, lief in die Küche und holte Mausefallen, sechs waren es, und in jeder war eine Maus gefangen. Cinderella pflegte die gefangenen Mäuse mit Käse zu füttern und dann wieder freizulassen. So hatte sie, weil sie oft allein war, jemanden, der ihr Gesellschaft leistete, wenn es auch nur Mäuse waren.

Cinderella stellte die Fallen ins Gras und öffnete die Klapptürchen. Die Fee berührte eine Maus nach der anderen mit dem Zauberstab – und es waren keine Mäuse mehr, sondern sechs silbergraue Schimmel.

„Jetzt haben wir die Kutsche und die Pferde", sagte die Fee, „bloß der Kutscher geht uns ab. Habt ihr Ratten im Haus, liebes Patenkind?"

„Ja!", rief Cinderella. „Es sind drei, und sie sind unten im Keller." Sie lief zum Kellerfenster und lockte die Ratten mit einem Stückchen Käse. Eine der Ratten hatte besonders lange Schnurrbarthaare, und als der Zauberstab wieder Funken sprühte, wurde aus ihr ein Kutscher mit einem Schnauzbart, der sich sehen lassen konnte.

„Etwas fehlt uns noch!", sagte die Fee und verwandelte sechs grüne Eidechsen, die neugierig im Gras saßen, in Diener. Die sprangen sofort hinten auf die Kutsche und sahen sehr stattlich aus in ihren grünseidigen Livreen. „Nichts wie hin aufs Schloss!", befahl die Fee.

Cinderella schaute an sich hinab. „In dem Kittel?", fragte sie.

Die Fee hob zum letzten Mal ihren Zauberstab, und da stand nicht mehr das Aschenmädchen vor ihr, sondern eine bezaubernde Prinzessin im allerschönsten Ballkleid, das von Gold und Silber und Edelsteinen funkelte und glitzerte.

An den Füßen trug Cinderella zierliche gläserne Pantöffelchen.

„Tanze und sei fröhlich", sagte die Fee. „Aber vergiss nicht, dass du vor Mitternacht das Schloss verlassen musst. Denn nur so lange währt mein Zauber."

Der Kutscher fuhr den Hügel hinauf und hielt vor dem großen Schlosstor an. Als der Pförtner die goldene Kutsche sah, öffnete er das Tor, so weit es nur möglich war. Von allen Seiten eilten Diener herbei, führten Cinderella die Schlosstreppe hinauf und geleiteten sie zum Festsaal.

Wie sie eintrat, wurde es still im Saal. Die Musik verstummte, die Geigenspieler ließen ihre Bögen sinken, die Flötisten vergaßen, auf der Flöte zu blasen. All die vornehmen Damen und Herren blickten auf das Mädchen im Feenkleid. „Welcher Liebreiz!", wisperten sie einander zu. „Welche Anmut!"

Auch die Witwe und die Stiefschwestern standen staunend da. Sie erkannten aber Cinderella nicht, und hätte ihnen jemand gesagt, es sei ihr Aschenmädchen, sie hätten es nie und nimmer geglaubt.

Dem König und der Königin wurde wunderlich zumute.

Dem Prinzen aber war, als umfinge ihn ein Zauber, er ging zu der schönen Fremden, verbeugte sich und forderte sie zum Tanz auf. Die Geigen fiedelten wieder, die Flöten flöteten. Cinderella tanzte wie im Traum und brachte zuerst kein Wort hervor. Weil aber der Prinz sie so freundlich anblickte, verlor sie die Scheu und plauderte unbefangen mit ihm. Nur eine Frage beantwortete sie nicht: wer sie sei und woher sie gekommen war.

Den ganzen Abend wollte der Prinz nur mit ihr tanzen und mit keiner anderen. Als die Turmuhr die Viertelstunde vor Mitternacht

schlug, lief Cinderella aus dem Saal, lief aus dem Schloss, lief die Treppe hinab und stieg in die Kutsche. Der Prinz war ihr nachgelaufen, aber er sah nur noch, wie die Kutsche im Dunkel der Nacht verschwand.

Bevor die Nacht zu Ende ging, kamen die Witwe und die Stiefschwestern nach Hause. Cinderella lag im grauen Kittel neben dem Herd und tat so, als schlafe sie. „Aschenmädchen", rief die eine Schwester, „du möchtest wohl wissen, wie der Ball gewesen ist?"

Cinderella rieb sich die Augen, gähnte und sagte: „Ja, das möchte ich! Hat der Prinz mit euch getanzt?"

„Das wollte er!", sagte die andere Schwester. „Aber da kam von irgendwoher eine Prinzessin – und mit der musste er tanzen."

„Die fremde Prinzessin", fragte Cinderella, „ist sie schön?"

„So schön auch wieder nicht", sagte die eine Schwester. „Sie hat recht gewöhnlich ausgesehen."

„Und wer will schon immer mit einem Prinzen tanzen!", sagte die zweite Schwester. „So was Besonderes ist er auch nicht."

„Wäre ich auf dem Ball gewesen", sagte Cinderella, „ich hätte mit keinem anderen tanzen wollen als mit dem Prinzen."

„Hört euch das an!", riefen die Schwestern. „Die will mit dem Prinzen tanzen! In dem Kittel und mit der Asche im Haar!"

Dann gingen sie in ihr Zimmer, aber einschlafen konnten sie lange nicht, denn ihre Herzen waren voll Neid, weil der Prinz nicht mit ihnen, sondern mit dem fremden Mädchen getanzt hatte.

Am nächsten Abend fuhr Cinderella wieder in der goldenen Kutsche zum Schloss. Wieder wollte der Prinz nur mit ihr und mit keiner anderen tanzen, und wieder lief sie aus dem Schloss, als die Turmuhr die Viertelstunde vor Mitternacht schlug.

Am dritten Abend wartete der Prinz schon auf der Schlosstreppe und konnte es kaum erwarten, bis die goldene Kutsche vorfuhr. Diesmal wollte er unbedingt wissen, wer seine schöne Tänzerin war und woher sie kam. Sooft er aber auch fragte, bei dieser Frage blieb Cinderella stumm und antwortete nicht. Was hätte es genützt, ihm zu sagen, wer sie war! Mit einem Aschenmädchen hätte er bestimmt nichts zu tun haben wollen.

„Diesen Abend noch will ich glücklich sein", dachte Cinderella.

Die Geigen fiedelten, die Flöten flöteten. Draußen im Schlosspark war es schon dunkel geworden, doch drinnen im Saal,

im Schein der Kerzen, merkte man nichts davon. Cinderella wünschte, dieser Abend sollte nie zu Ende gehen, aber das Wünschen half nichts, es war der letzte Abend, und sie würde den Prinzen nie wieder sehen.

Als die Turmuhr die Viertelstunde vor Mitternacht schlug, brachte sie es nicht über sich, schon jetzt wegzulaufen und schon jetzt den Prinzen zu verlassen. „Nur einen Tanz, einen allerletzten Tanz noch!", dachte sie.

Die Zeiger der Turmuhr rückten vor, es war schon fast Mitternacht. Nun musste Cinderella fort, wollte sie nicht inmitten all der Pracht und Herrlichkeit plötzlich im grauen Kittel dastehen. Sie floh aus dem Saal und lief die Treppe hinab, so schnell sie nur konnte. In der Eile verlor sie einen der gläsernen Pantoffel.

Der Prinz war ihr, wie in den Nächten zuvor, nachgelaufen, aber wieder kam er zu spät. Die goldene Kutsche war längst davongerast, bloß der gläserne Pantoffel lag auf der Treppe. Der Prinz hob ihn auf, und schon am nächsten Morgen begann im ganzen Land die Suche nach der schönen Tänzerin, die ihn verloren hatte. Zuerst ritt der Prinz von einem der benachbarten Königreiche zum anderen, denn wie alle meinte er, es könne nur eine Prinzessin gewesen sein. Prinzessinnen gab es genug, aber keiner passte der Pantoffel.

„Dann ist es eben eine Bürgerliche", sagten der König und die Königin zu dem Prinzen. „Macht nichts! Wenn sie dich lieb hat, sollst du sie haben."

Der Prinz ging von Haus zu Haus, aber ein Mädchen mit so zierlichen Füßen war auch in den Häusern der Bürger nicht zu finden. Hübsche

Mädchen gab es – wie die Prinzessinnen – genug, doch bei dem einen waren die Zehen zu groß, bei einem anderen die Ferse zu dick. Zu guter Letzt war nur noch ein Haus da, in dem der Prinz noch nicht gewesen war. Und das war das Haus der Witwe.

„Keiner hat der Pantoffel gepasst", sagte die älteste Schwester. „Jetzt gibt es nur noch mich! Ich werde seine Braut sein."

„Nein, ich!", sagte die andere Schwester. „Mir wird der Pantoffel passen!" Der gläserne Pantoffel passte aber weder der einen noch der anderen Schwester.

„Soviel ich gehört habe", sagte der Prinz zu der Witwe, „habt Ihr drei Töchter. Wo ist die dritte? Holt sie her!"

„Aber … aber", stotterte die Witwe, „sie ist ein sonderbares Mädchen. Will nur in der Küche sein. Ist ein Aschenmädchen. Nein, nein, wir können sie nicht holen, da müssten wir uns schämen."

Der Prinz, der schon nicht mehr daran glauben konnte, seine Tänzerin zu finden, wollte es doch noch einmal versuchen, und die Witwe musste ihre Stieftochter aus der Küche rufen. Als Cinderella eintrat, erkannte der Prinz in dem Aschenmädchen die schöne Unbekannte, mit der er drei Nächte getanzt hatte. Es machte nichts aus, dass sie nur ein graues Kittelchen anhatte. Dem Prinzen erschien sie genauso schön, wenn nicht noch schöner als im Feenkleid. Er kniete vor Cinderella nieder, zog ihr das gläserne Pantöffelchen an, und es passte genau. Da holte Cinderella das zweite Pantöffelchen aus ihrer Kitteltasche und schlüpfte hinein. Der Prinz nahm sie in die Arme und küsste sie. „Nur du sollst meine liebe Braut sein und keine andere ", sagte er. Was blieb der Witwe und den Schwestern übrig, als einen Hofknicks zu machen, wie es sich vor der Braut eines Prinzen gehört?

Wen hätte es gewundert, wenn Cinderella ihnen vergolten hätte, was sie ihr angetan hatten. Die Witwe und die Schwestern brauchten aber nichts zu befürchten, denn wer glücklich ist, hat keine bösen Gedanken.

Der Prinz hob Cinderella auf sein Pferd und ritt mit ihr zum Schloss. Die Hochzeit wurde in aller Pracht gefeiert. Als es Abend wurde, erschien die Fee und versprühte mit ihrem Zauberstab goldene und silberne Funken, und nie zuvor war das Schloss in so hellem Glanz erstrahlt.

Als kleine Prinzen und Prinzessinnen auf die Welt kamen, wurde die Fee ihre Patin, wie schon Cinderella ihr Patenkind gewesen war. Die zwei Schwestern heirateten reiche Kaufherren. Ob sie jemals ihren Neid und ihre Eifersucht überwinden konnten und ob auch sie glücklich wurden wie Cinderella, das erzählt die Geschichte nicht.

In einer kleinen Stadt in Mexiko erzählt man heute noch von einer Fee, die so schön war, wie nur alte weise Frauen sein können, und zugleich so schön wie junge Mädchen, wenn sie mit offenen Augen vom Liebhaben träumen. Das Haar der Fee war silberblondweiß, und ihre Augen waren blau wie der Himmel an einem klaren Tag. Sie half allen – nicht nur Menschen, sondern auch Tieren und Pflanzen, die Hilfe nötig hatten. So ließ sie es zum Beispiel regnen, wenn einmal der Regen ausblieb und Blumen, Felder und Bäume am Verdursten waren. Überall war man voll des Lobes über die hilfreiche Fee.

Es gab aber auch Leute, die ihr das viele Lob nicht gönnten, und eines Tages wurde sie beschuldigt, keine Fee, sondern eine Hexe zu sein. Denn wer anders könnte Regenwolken herbeirufen als eine Hexe? Und so flüsterte es bald überall in der kleinen Stadt: „Habt ihr gehört? Unsere Fee ist gar keine Fee, sondern eine Hexe!"

Als der Stadtrichter das erfuhr, sagte er: „Ich lasse keine Hexe in unserer Stadt frei herumlaufen!", und sandte augenblicklich Stadtwächter aus, die die Fee verhaften und ins Gefängnis werfen sollten. Als die Stadtwächter in das Feenhäuschen polterten, fanden sie die Fee daheim, wie sie gerade ein stärkendes Tränklein für einen liebeskranken Burschen braute. Die Stadtwächter wollten sie fesseln, und die Fee hielt ihnen sogleich beide Hände hin. Dabei lächelte sie. Da wurde den Stadtwächtern ganz wunderlich, sie lächelten zurück und vergaßen die Fee zu fesseln.

Der Stadtrichter hatte die „Hexe" in den untersten der drei Keller des Gefängnisses bringen lassen, weil es dort am dunkelsten war und kalt noch dazu zwischen den nassen Mauern. Beim Anblick der gefangenen Fee, die aussah wie eine weise alte Frau und im nächsten Augenblick wie ein vor sich hin träumendes, wunderschönes Mädchen, mussten auch die Gefängniswärter lächeln. Lächelnd schleppten sie einen bequemen, weich gepolsterten Lehnstuhl und ein Öfchen in die Gefängniszelle, heizten es, bis es freundlich glühte, und ein paar Kerzen brachten sie ihr auch.

Am nächsten Tag kam der Stadtrichter höchstpersönlich in den Keller hinuntergestiegen und schaute durch das Gitter in die Zelle hinein. Dort saß die Fee friedlich in dem weich gepolsterten Lehnstuhl neben dem freundlich glühenden Öfchen. „So eine Frechheit", sagte der Stadtrichter. „Setz dich sofort auf den kalten Boden, Hexe, und friere!"

Die Fee lächelte ihn an. Der Stadtrichter versuchte, ein grimmiges Gesicht zu machen, aber es wurde nur ein gequältes Grinsen daraus, und er brachte kein weiteres Wort hervor. Die Fee stand auf, griff nach dem Schürhaken, öffnete das Ofentürchen, holte ein Stücklein glühendes Holz heraus und spuckte dreimal darauf. Das Hölzchen erlosch und wurde zu einem Stückchen schwarzer Kohle. Die Fee nahm es in die Hand und begann, einen schwarzen Strich an die Gefängniswand zu zeichnen.

„Was machst du da?", fragte der Stadtrichter, der seine Sprache wiedergefunden hatte. „Lass das! Es ist verboten, im Gefängnis die Wände anzuschmieren!"

Die Fee lächelte den Stadtrichter an und zeichnete weiter, und bald war auf der Gefängniswand ein Vogel zu sehen, ein großer, schwarzer Vogel.

„Soll das ein Rabe sein?", fragte der Stadtrichter.

„Das ist eine Krähe", antwortete die Fee. „Ist sie nicht schön? Sieht man nicht jedes Federchen?"

„Jawohl", antwortete der Stadtrichter. „Der Vogel ist vollkommen. Aber –"

„Fehlt nicht etwas daran?", fragte die Fee.

„Nein", sagte der Stadtrichter. „Freilich …"

„Es fehlt also doch noch etwas?", fragte die Fee lächelnd.

„Wenn ich es recht bedenke", kicherte der Stadtrichter, „ist dieser Vogel erst vollkommen, wenn du ihm einen Korb auf den Rücken zeichnest, damit man ihn zum Einkaufen auf den Markt schicken kann! Ein guter Witz, wie?"

„Ja", antwortete die Fee und begann, mit ihrem Stückchen Holzkohle einen Korb auf den Rücken des Vogels zu zeichnen. Als der Korb fertig war, setzte die Fee sich hinein, nickte und sagte: „Lebt wohl, Herr Stadtrichter. Ihr solltet Euch mit Leuten, wie ich es bin, nicht anlegen!" Dann hob sie die Hand, und Vogel, Korb und Fee verschwanden in der Wand.

Der Stadtrichter konnte nicht glauben, was er sah. Er ging zu der Wand hin und betastete sie, aber da war nichts als Wand.

Seit diesem Tag war und blieb die Fee aus der kleinen Stadt verschwunden.

DER ZARENSOHN UND
DIE FEENTOCHTER

Der Zarensohn, Peter hieß er, ritt eines Tages auf die Jagd. Da sah er hinter einem Busch ein Mädchen hervorlugen, das war so schön, wie er noch nie eines gesehen hatte.

„Schönes Mädchen!", rief der Zarensohn. „Komm hinter dem Busch hervor!" Das Mädchen kam aber nicht hervor, es lief eilig davon.

„Hab keine Angst!", rief der Zarensohn. „Ich tu dir kein Leid an." Doch das schöne Mädchen war und blieb im Wald verschwunden.

Der Zarensohn ritt heim und sagte zu seinen Eltern: „Ich war auf der Jagd, da habe ich ein Mädchen gesehen, das ist schöner als die Sonne. In die Sonne kann man blinzeln, aber bei diesem Mädchen musst du die Augen zumachen, sonst wirst du geblendet. Die will ich heiraten und sonst keine."

„Gut", sagte der Zar zu seinem Sohn. „Hol sie her, dann werden wir ja sehen."

Das schöne Mädchen war die Tochter einer Fee. Die beiden wohnten im Wald in einem Palast, den aber nur derjenige erblicken konnte, der die Augen dazu hatte. Als die Feentochter an diesem Tag heimkam, sagte sie zu ihrer Mutter: „Ich habe den Zarensohn Peter gesehen! Er hat mein Herz mitgenommen. Ich will ihn heiraten. Wenn er nicht wiederkommt, werde ich sterben." Und sie fing zu weinen an.

„Mein Kind", sagte die Fee, „hör auf zu weinen. Zarensöhne heiraten Zarentöchter, aber keine Feenmädchen aus dem Wald. Ich sehe ja ein, dass du heiraten willst, aber muss es der Peter sein? Jeder brave Bauernbursch wäre mir als Schwiegersohn recht, wenn er dich nur lieb hat. Denn ohne Liebe gebe ich mein Kind nicht her."

In dieser Nacht konnte die Feentochter vor Kummer nicht schlafen, und am Morgen darauf war sie so schwach und krank, dass die Feenmutter um ihr Leben fürchtete. „Mein Kind", sagte sie, „du darfst mir nicht sterben. Ich erlaube dir, deinen Peter zu heiraten, wenn er dich wirklich liebt. Ich werde dich in ein Schweinchen verwandeln, und in dieser Gestalt sollst du ihm über den Weg laufen, wenn er das nächste Mal in den Wald kommt. Ist seine Liebe so groß, wie du glaubst, wird er dich auch in dem Schweinchen erkennen."

„Seine Liebe *ist* so groß", sagte die Feentochter und sprang gesund aus dem Bett. „Schnell, liebe Mutter, verwandle mich!" Da verwandelte die Fee ihre wunderschöne Tochter in ein Schweinchen.

Bald darauf kam der Zarensohn Peter durch den Wald geritten und spähte und schaute und suchte das schöne Mädchen.

„Jetzt lauf!", sagte die Fee zu dem Schweinchen, und das Schweinchen lief dem Zarensohn über den Weg.

Der Zarensohn sah das Schweinchen und wunderte sich. Es war ein seltsames Schweinchen, es setzte sich auf die Hinterbeinchen und schaute ihn an. Einen Augenblick lang war es dem Zarensohn, als hätte das Schweinchen keine Schweinchenaugen, sondern Mädchenaugen – genau die Augen des Mädchens, das schöner war als die Sonne. „Das kann nicht wahr sein", dachte der Zarensohn Peter. „So was gibt es nicht!"

Das Schweinchen saß da und wartete darauf, dass der Zarensohn sagen würde: „Willst du mich heiraten?"

Der Zarensohn sagte das aber nicht. Er merkte nur, wie traurig das Schweinchen auf einmal dreinsah, nickte ihm freundlich zu, ritt davon und suchte weiter nach dem sonnenschönen Mädchen.

Als er am Abend heimkam und sich zum Schlafen niederlegte, musste er immerzu an das Schweinchen denken, das ihn so traurig mit den Augen des schönen Mädchens angesehen hatte. Und er glaubte zu hören, wie es sagte: „Warum willst du mich nicht heiraten, lieber Peter? Weißt du nicht, wer ich bin? Liebst du mich nicht, wie ich dich liebe?"

„Doch! Ich liebe dich, wie du mich liebst", sagte der Zarensohn schon halb im Traum und schlief ein.

Am Morgen stand er auf und sagte zu seinen Eltern, dem Zaren und der Zarin: „Ich habe mich in ein Schweinchen verliebt und will es heiraten. Gebt mir euren Segen!"

Der Zar und die Zarin riefen wie aus einem Mund: „Ein Schweinchen heiraten? Bist du von Sinnen? Dazu bekommst du unseren Segen nicht!"

„Ich will aber das Schweinchen heiraten", sagte der Zarensohn, legte sich ins Bett und wurde krank.

„Du bist seine Mutter", sagte der Zar zu der Zarin. „Red ihm den Unsinn aus dem Kopf!"

Die Zarin ging zu ihrem Sohn und versuchte, ihm den Unsinn aus dem Kopf zu reden. Aber der Zarensohn murmelte nur immerzu: „Wenn ich das Schweinchen nicht heiraten darf, werde ich sterben."

Die Zarin eilte zum Zaren und sagte: „Unser Sohn ist krank und wird gewiss sterben, wenn wir ihm nicht erlauben, das Schweinchen zu heiraten." Der Zar schüttelte nur den Kopf und sagte: „Eine Schande ist das, eine Schande!"

So ging es ein paar Tage lang. Der Zarensohn wurde immer kränker und wurde schließlich so schwach, dass er nicht mehr aufstehen konnte und nahe am Sterben war. Da sagte der Zar zu der Zarin: „Sterben soll er nicht. Ich habe lieber einen lebendigen Sohn, der ein Schweinchen zur Frau hat, als einen toten Sohn. Schande oder nicht Schande, ich werde ihm das Schweinchen holen!"

Und so geschah es auch. Der Zar fuhr in seinem Wagen in den Wald.

Die Feentochter war all die Tage, da der Zarensohn krank lag, in der Gestalt des Schweinchens in den Wald gelaufen und hatte auf ihn gewartet. Jedes Mal, wenn sie heimkam, fragte die Feenmutter: „Ist er nicht gekommen?"

„Nein", sagte die Feentochter jedes Mal, „aber er wird schon noch kommen."

An dem Tag, als der Zar mit dem Wagen in den Wald gefahren kam, verwandelte die Fee ihren unsichtbaren Palast in eine armselige Hütte und sich selbst in eine arme, alte Frau. Zu ihrer Tochter aber sagte sie: „Bleib in deinem Ställchen, ich höre den Wagen des Zaren heranrollen. Er kommt als Brautwerber für seinen Sohn."

Als der Zar zu der armseligen Hütte kam und die Alte sah, die davor auf einem schiefen Bänklein saß, stieg er aus dem Wagen und ging zu ihr hin.

„Ich bin der Zar, wie du siehst", sagte er. „Kennst du das Schweinchen, das im Wald umherläuft? Oder gehört es vielleicht sogar dir?"

„Ja, großer Zar", antwortete die Alte, „das Schweinchen gehört mir. Warum fragt Ihr danach?"

„Mein Sohn will dein Schweinchen heiraten", sagte der Zar grimmig. „Hol es her!"

„Das Schweinchen ist mein Eigentum und mein einziger Schatz!", jammerte die Alte.

„Ich muss es aber haben", sagte der Zar. „Ich werde dich gut dafür bezahlen."

Die Alte tat, als weine sie. „Wenn Ihr es haben müsst, großmächtiger Zar, muss ich es Euch wohl verkaufen. Zuvor erlaubt mir aber gütig, dass ich von meinem Schweinchen Abschied nehme."

Dann ging sie in den Stall, wo das Schweinchen im Stroh auf sie wartete, und sagte: „Der Zar holt dich als Braut für seinen Sohn. Jetzt werden wir ja sehen, wie es weitergeht, und ob du den Peter wirklich heiraten darfst."

„Wenn ich seine Frau bin", fragte die Feentochter, „muss ich dann ein Schweinchen bleiben?"

„Nein", antwortete die Feenmutter. „Verwandle dich aber erst zurück, wenn du mit ihm allein in der Brautkammer bist."

„Wie kann ich mich zurückverwandeln?"

„Bevor du ins Brautbett steigst, kratz dich mit dem Hinterbein dreimal am Hals", sagte die Fee. „Dann bist du wieder das Mädchen, das schöner ist als die Sonne." Sie gab dem Schweinchen einen Kuss und brachte es dem Zaren, und der brachte es in den Zarenpalast.

Kaum erfuhr der Zarensohn, dass seine Braut angekommen war, sprang er gesund und munter aus seinem Bett und begrüßte das Schweinchen. Wieder war ihm, als sehe es ihn mit den Augen des schönen Mädchens an.

Schon am nächsten Tag wurde das Schweinchen mit Blumenkranz und Schleier zur Hochzeit geführt, und nach der Trauung gab es ein großes Festessen. Vor lauter Glück merkte der Zarensohn nicht, dass der Zar und die Zarin nicht zu seiner Hochzeit gekommen waren. Sie hatten sich beide im Thronsaal versteckt, und dort saßen sie und der Zar sagte immerzu: „So eine Schande, so eine Schande!" Die Zarin nickte jedes Mal und war traurig, dass sie nicht auf der Hochzeit ihres Sohnes sein konnte, aber sie wollte den Zaren in seinem Kummer nicht allein lassen.

Am Abend wurde das Brautpaar nach altem Brauch von den Trauzeugen zur Brautkammer geleitet. Als die beiden allein waren, fragte der Zarensohn Peter das Schweinchen: „Gibst du mir jetzt einen Kuss?"

„Nur wenn du mich wirklich lieb hast", antwortete das Schweinchen.

„Ich hab dich lieb und will dich nicht von mir lassen, ein ganzes Leben lang", sagte der Zarensohn und er wollte seine Braut küssen.

„Warte einen Augenblick, lieber Peter!", rief das Schweinchen und schubste den Zarensohn in eine Ecke, dass er zu Boden fiel und einen Augenblick lang Sterne sah.

Das Schweinchen kratzte sich mit dem Hinterbein dreimal am Hals – und wurde wieder das Mädchen, das es gewesen war. Nur erschien sie dem Zarensohn dreimal schöner als zuvor. Die Feentochter erzählte ihm von ihrer Verwandlung und was ihr die Mutter zu tun geraten hatte. Nun wa-

ren beide so glücklich, wie nur zwei sein können, die einander von Herzen lieb haben.

Am Morgen sagte der Zar zu seiner Gemahlin: „Alles schön und gut, Schande oder nicht Schande, aber ich mache mir Sorgen um unseren Sohn. Ich bitte dich, sieh nach, ob ihm das Schweinchen nicht vielleicht die Nase abgebissen hat."

Da ging die Zarin zur Brautkammer. Sie klopfte an die Tür, trat ein, erblickte ihren Sohn und das sonnenschöne Mädchen und konnte kaum glauben, was sie sah. Der Zarensohn lachte sie an und rief: „Jetzt gehen wir alle zum Vater! Ich muss ihm meine Frau vorstellen. Das gehört sich doch, liebe Mutter?"

Als die Zarin mit ihrem Sohn und seiner Braut in den Thronsaal trat, fiel der Zar vom Thron vor Staunen über eine so schöne Schwiegertochter. Er ließ sogleich noch einmal ein Festessen richten, diesmal mit Musik und den allerbesten Speisen. Alle feierten gemeinsam – auch die Feenmutter war gekommen –, und alle waren glücklich.

DAS ALLERWINZIGSTE ELFENMÄDCHEN

Es war einmal ein kleiner Junge, der sagte immer: „Ich! Ich!" Er sagte es, wenn die Mutter den Kuchen aufschnitt, und er sagte es, wenn sie Himbeerpudding auf den Tisch stellte. Nur wenn es Zeit zum Schlafengehen war, sagte er nie: „Ich!" Er wollte lieber aufbleiben.

Einmal, als ihn die Mutter zu Bett gebracht hatte, war er so munter und wach, dass er nicht einschlafen konnte. Er kletterte aus dem Bett, stellte sich ans Fenster und schaute hinaus. Es war dunkel, aber nicht ganz dunkel, weil der Mond am Himmel stand. Die Vorhänge bewegten sich und im Garten wisperte der Wind im Laub.

Auf einmal sah der kleine Junge unten im Garten ein kleines Licht, das wehte herauf aufs Fenstersims und war ein allerwinzigstes Elfenmädchen, nicht größer als ein Daumen.

„Wer bist denn du?", fragte der Junge.

„Ich bin's!", antwortete das allerwinzigste Elfenmädchen mit einer dünnen Stimme, die wie Glasglöckchen klang. „Und wer bist du?"

„Ich bin's!", antwortete der Junge.

Das allerwinzigste Elfenmädchen klatschte in die Hände. „Ich heiße ICH!", rief es. „Und du heißt auch ICH! Das ist lustig!"

Der kleine Junge hieß eigentlich gar nicht ICH, aber das sagte er nicht. Es hörte sich so hübsch an, wenn das allerwinzigste Elfenmädchen ICH zu ihm sagte.

„Willst du mit mir spielen, ICH?", fragte das allerwinzigste Elfenmädchen.

„Ja, ICH, das will ich gern", antwortete der kleine Junge.

Das allerwinzigste Elfenmädchen fing mit seinen winzigen Händen Mondlicht ein und verstreute es im Zimmer, und es wurden lauter Tiere daraus, Mondkatzen und Mondhunde und Mondpferdchen und sogar Monddrachen, die umherflogen und Mondfeuer spuckten. Das allerwinzigste Elfenmädchen und der kleine Junge haschten nach den Monddrachen, und die Monddrachen sprühten Mondfunken und wollten sich nicht fangen lassen. Der kleine Junge hopste herum, gab nicht acht und trat dem allerwinzigsten Elfenmädchen auf den Fuß.

Das allerwinzigste Elfenmädchen fing laut zu weinen an. Der kleine Junge wollte sagen: „Es tut mir leid, ICH!"

Aber bevor er es sagen konnte, hörte er vom Garten eine Stimme, die rief: „Elfenkindchen, Elfenkindchen, warum weinst du?"

Der kleine Junge kletterte in sein Bett, zog die Decke über sich und guckte darunter hervor.

„Elfenkindchen, Elfenkindchen, warum weinst du?", fragte es noch einmal.

„ICH ist mir auf den Fuß getreten, Mami", schluchzte das allerwinzigste Elfenmädchen.

„Wer ist dir auf den Fuß getreten?", fragte die Elfenmutter.

„ICH, Mami!", schluchzte das allerwinzigste Elfenmädchen.

„Wenn du dir selber auf den Fuß getreten bist, dann brauchst du nicht zu weinen", antwortete die Elfenmutter genauso streng, wie die Mutter des kleinen Jungen es tat. Zum Fenster herein streckten sich zwei Hände, die leuchteten, und nahmen das allerwinzigste Elfenmädchen fort. Die Mondtiere verschwanden, dem kleinen Jungen in seinem Bett fielen die Augen zu, und er schlief ein.

Am nächsten Abend fragte die Mutter: „Wer ist müde und will schlafen?"

„Ich!", rief der kleine Junge sofort. Er dachte: „Wenn heute das allerwinzigste Elfenmädchen kommt und mit mir spielt, werde ich ihm nicht auf den Fuß treten, sondern achtgeben."

Und das tat er auch.

Er ging nun jeden Abend viel lieber zu Bett als früher. Seine Mutter wunderte sich, aber sie wusste ja nichts von dem allerwinzigsten Elfenmädchen und den Mondkatzen und Mondhunden und Mondpferden und den funkensprühenden Monddrachen.

PRINZ ACHMED UND
DIE FEE PERI BANU

Es ist sehr lange her. Zu jener Zeit lebte in Indien ein Sultan, von dem man erzählt, dass er nicht nur überaus reich, sondern auch gerecht und gütig gewesen sei. Dieser Sultan hatte drei Söhne, Husein, Ali und Achmed. Auch eine Nichte des Sultans lebte in seinem Palast. Er hatte sie noch als Kind bei sich aufgenommen, als ihre Eltern gestorben waren, und die kleine Prinzessin – sie hieß Nur-en Nahar – wuchs mit den Söhnen des Sultans zusammen auf. Als sie in das Alter kam, in dem Mädchen heiraten, sprach man im ganzen Land von der wunderschönen Nichte des Herrschers, und es war kein Wunder, dass die drei Prinzen sich in sie verliebten. Eines Tages gingen alle drei zu ihrem Vater, und jeder von ihnen bat, Nur-en Nahar heiraten zu dürfen.

Der Sultan, der alle drei Söhne von Herzen liebte, wollte keinen von ihnen kränken.

„Meine lieben Prinzen", sagte er, „jeder von euch verdient es, die Prinzessin zur Frau zu bekommen. Aber nur einer kann sie heiraten. Nun seid ihr Brüder, und ich will nicht, dass unter euch Streit um Nur-en Nahar entsteht. Daher bestimme und befehle ich als euer Vater und Sultan des Reiches, dass ihr gleich morgen meinen Palast verlasst und in die Welt hinausziehen sollt. Geht und sucht nach dem seltsamsten, wunderlichsten Ding, das ihr finden könnt, und wer von euch mir die kostbarste, aber auch nützlichste Seltsamkeit bringt, soll die Prinzessin zur Frau haben. Jeder von euch muss in eine andere Richtung reiten, nach Jahresfrist kehrt ihr dann alle drei zurück. An Geld für die Reise und den Erwerb des selt-

41

samsten Kleinods soll es euch nicht fehlen, denn meine Schatzkammer ist reichlich gefüllt."

Am nächsten Morgen ritten die drei Prinzen auf kostbar geschmückten Pferden in die Welt hinaus. Sie ritten die Straße entlang, bis diese sich in drei Wege teilte. Dort stand eine Herberge. Die drei Brüder versprachen einander, sich in einem Jahr wieder hier zu treffen, und nahmen voneinander Abschied. Dann ritten sie davon, jeder in eine andere Richtung.

Husein ritt nach Bischangar, in ein Wunderland, das er seit langem hatte sehen wollen, weil er schon viel Merkwürdiges darüber hatte erzählen hören. „Dort", dachte er, „werde ich gewiss das Kleinod finden, das mein Vater verlangt!" Unterwegs schloss er sich einer Karawane von Kaufleuten an, die wie er nach Bischangar reisten.

Es war ein langer Weg. Sie zogen durch unbekannte Wildnis und Einöden und gelangten endlich in das Wunderland Bischangar. In einer Karawanserei für Kaufleute aus fernen Ländern machten sie Halt. Von anderen Reisenden erfuhr Husein, dass es in der Hauptstadt von Bischangar einen Basar gab, in dem kostbare Seltsamkeiten angeboten wurden, und er machte sich sogleich auf, um dort das Kleinod für den Vater zu suchen.

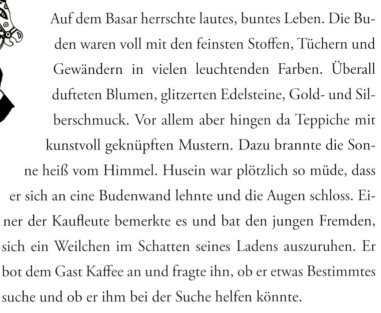

Auf dem Basar herrschte lautes, buntes Leben. Die Buden waren voll mit den feinsten Stoffen, Tüchern und Gewändern in vielen leuchtenden Farben. Überall dufteten Blumen, glitzerten Edelsteine, Gold- und Silberschmuck. Vor allem aber hingen da Teppiche mit kunstvoll geknüpften Mustern. Dazu brannte die Sonne heiß vom Himmel. Husein war plötzlich so müde, dass er sich an eine Budenwand lehnte und die Augen schloss. Einer der Kaufleute bemerkte es und bat den jungen Fremden, sich ein Weilchen im Schatten seines Ladens auszuruhen. Er bot dem Gast Kaffee an und fragte ihn, ob er etwas Bestimmtes suche und ob er ihm bei der Suche helfen könnte.

„Ich wäre für Euren Rat dankbar", antwortete Husein. „Mir schwindelt der Kopf von all dem Geleucht und Gefunkel hier. Auch bei uns daheim gibt es schöne, reiche Basare, aber die seltsamste Kostbarkeit der Welt gibt es dort nicht zu kaufen. Wisst Ihr vielleicht, wie und wo ich solch ein Ding finden kann?"

„In unserem Basar gewiss", meinte der Kaufmann. „Vor kurzem kam zum Beispiel ein Teppichhändler bei mir vorüber, der mir einen Zauberteppich verkaufen wollte. Er verlangte dreißigtausend Goldstücke dafür. Ich hätte diesen Zauberteppich gern erworben, aber dreißigtausend Goldstücke für einen einzigen Teppich kann ich nicht ausgeben."

„Was vermag dieser Zauberteppich?", fragte Husein. „Wenn er das ist, was ich suche, soll es mir auf den Preis nicht ankommen."

„Genaues weiß ich nicht", antwortete der Kaufmann. „Der Händler hat behauptet, dass der Teppich fliegen kann."

Kaum hatte der Kaufmann dies gesagt, kam der Teppichhändler gelaufen und rief: „Wer kauft meinen Zauberteppich! Zauberteppich! Heute nur dreißigtausend Goldstücke!" Gleich darauf stand der Händler vor Prinz Husein und breitete einen wunderschönen Teppich vor ihm aus.

„Ist es wahr, dass dieses Ding fliegen kann?", fragte Husein.

„Jawohl, Herr!", antwortete der Händler. „Wollt Ihr einen Probeflug machen? Dann nehmt auf ihm Platz!"

Prinz Husein konnte der Einladung, auf einem Zauberteppich herumzufliegen, nicht widerstehen und setzte sich auf den Teppich. Der Teppichhändler ließ sich neben dem Prinzen nieder und sprach die Worte: „Teppich, Teppich, Zauberteppich, flieg dreimal um die Stadt!"

Da hob der Teppich sich in die Luft, flog dreimal um die Stadt und landete dann sanft vor der Bude des Kaufmanns.

„Ein merkwürdigeres und nützlicheres Ding als diesen Zauberteppich werden meine Brüder nicht finden!", dachte Prinz Husein. Er bezahlte dem Händler die verlangten dreißigtausend Goldstücke und machte sich auf den Heimweg.

Ali, der zweitälteste Sohn des Sultans, war seinen Weg geritten, und auch seine Reise war lang und beschwerlich. Auch er schloss sich einer Karawane an und gelangte schließlich nach Persien. Dort fand er in einer prächtigen Stadt einen Basar, auf dem er hoffte, das Wunderding, das er suchte, zu finden.

In diesem Basar glänzte es in den Buden von geschliffenem Glas, kostbaren Trinkgefäßen, herrlich bemaltem Geschirr und blitzenden, mit Gold und Edelsteinen geschmückten Waffen. Merkwürdige Instrumente standen und hingen überall, und auch Ali schwanden fast die Sinne von der Fülle der Kostbarkeiten. Auch er setzte sich ermüdet im Schatten einer Bude nieder, und auch ihm bot ein freundlicher Kaufmann eine Erfrischung an und fragte ihn, ob er etwas Bestimmtes suche.

„Ja", antwortete Prinz Ali und erzählte dem Kaufmann von dem einmaligen Kleinod, das er seinem Vater bringen sollte.

„Ich hätte etwas dieser Art anzubieten", sagte der Kaufmann. „Dieses Wunderding ist einzig auf der Welt. Aber unter dem Preis von dreißigtausend Goldstücken kann ich es nicht hergeben!"

„Lasst sehen!", antwortete Ali. „Auf den Preis soll es mir nicht ankommen!"

Da zog der Kaufmann einen langen, runden Stab aus Elfenbein unter dem Ladentisch hervor.

„Was ist das?", fragte Ali.

„Ein Fernrohr", antwortete der Kaufmann. „Wer durch dieses Rohr blickt, kann sehen, was immer er zu sehen wünscht, sei es nah oder fern."

„Reicht mir das Ding!", befahl Ali. „Ich will sehen, wie es meinem fernen Vater geht."

Der Kaufmann reichte dem Prinzen das elfenbeinerne Rohr. Ali hob es ans Auge und sah den Sultan auf seinem Thron sitzen und regieren. Nun wünschte Ali auch Prinzessin Nur-en Nahar zu sehen, und er sah, wie sie im Palastgarten fröhlich mit ihren Gefährtinnen Ball spielte.

„Ein seltsameres und kostbareres Ding als dieses Wunderrohr werden meine Brüder gewiss nicht finden", dachte Ali, zahlte dem Händler die verlangten dreißigtausend Goldstücke und machte sich auf den Heimweg.

Prinz Achmed, der jüngste Sohn des Sultans, war auf der Suche nach dem wunderlichsten Kleinod der Welt nach Samarkand geritten. Auch er hatte viele Mühen zu überstehen, bis er endlich in einer Stadt ankam, die dafür berühmt war, in ihrem Basar einzigartige Kostbarkeiten feilzubieten.

Auch in diesem Basar war alles bunt und glänzend, prächtig und seltsam, aber was immer Achmed betrachtete oder prüfte, schien ihm nicht das wunderlichste Ding der Welt zu sein.

Wie seine Brüder wurde Achmed müde, und als er auf den Obstmarkt kam, überwältigte ihn der Duft der vielen fremden, bunten Früchte, und er setzte sich erschöpft auf eine kleine Bank im Schatten. Wie er so saß, hörte er plötzlich laute Rufe und sah einen Mann mit großen Schritten über den Obstmarkt daherkommen. Der Mann hielt einen Apfel hoch in der Hand und rief immerfort:

„Zauberapfel! Zauberapfel zu verkaufen! Heute nur dreißigtausend Goldstücke! Wer kauft den Zauberapfel!"

Der Mann blieb vor Prinz Achmed stehen und sagte: „Greift zu, Herr! Ein

solches Zauberding wird Euch nicht jeden Tag angeboten! Dieser Apfel ist einmalig auf der Welt! Ein weiser Mann hat viele Jahre lang daran gearbeitet, um ihn aus Kräutern, Säften, Düften und geheimnisvollen Stoffen zu schaffen. Dieser Apfel kann jeden Kranken, der daran riecht, heilen und sogar vor dem Tod retten. Greift zu, Herr! Der Apfel kostet heute nur dreißigtausend Goldstücke!"

„Wer bürgt mir dafür, dass Ihr die Wahrheit sagt?", fragte Prinz Achmed. In diesem Augenblick kam eine Frau über den Obstmarkt gelaufen, die laut weinte und schrie: „Mein armer Mann ist plötzlich krank geworden, er ist dem Tode nahe! Gibt es hier niemanden, der ihm helfen kann?"

Der Händler rief die Frau herbei und sagte zu ihr: „Führt mich zu dem Kranken!" Dann fragte er den Prinzen: „Wollt Ihr mitkommen, Herr, und sehen, wie rasch dieser Zauberapfel heilen kann?"

Der Händler hatte nicht zu viel versprochen. Als der Kranke an dem Zauberapfel roch, sprang er im nächsten Augenblick gesund aus dem Bett. Prinz Achmed bezahlte dem Händler die verlangten dreißigtausend Goldstücke und steckte den Zauberapfel in sein Reisegewand. „Nun muss ich nicht länger nach dem seltsamsten Kleinod der Welt suchen!", dachte er und machte sich auf den Heimweg.

Seine beiden Brüder waren schon in der Herberge angekommen. Die Prinzen erzählten einander ihre Abenteuer und zeigten einander die Wunderdinge, die sie in den fremden Ländern erworben hatten.

„Wäre es nicht schön und gut zu wissen, wie es dem Vater und unserer Prinzessin geht?", fragte Prinz Husein. Ali ergriff sein elfenbeinernes Fernrohr, blickte hindurch und wurde bleich vor Schreck.

„Unser Vater ist sterbenstraurig", rief er, „denn Nur-en Nahar ist auf den Tod krank!"

Nun blickten auch seine Brüder durch das Zauberrohr. Prinz Husein rief:

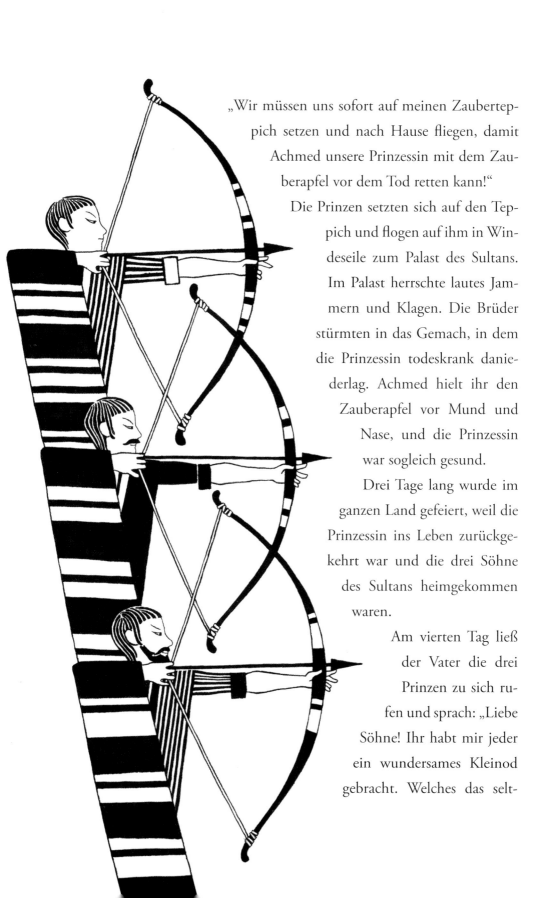

„Wir müssen uns sofort auf meinen Zauberteppich setzen und nach Hause fliegen, damit Achmed unsere Prinzessin mit dem Zauberapfel vor dem Tod retten kann!"

Die Prinzen setzten sich auf den Teppich und flogen auf ihm in Windeseile zum Palast des Sultans. Im Palast herrschte lautes Jammern und Klagen. Die Brüder stürmten in das Gemach, in dem die Prinzessin todeskrank daniederlag. Achmed hielt ihr den Zauberapfel vor Mund und Nase, und die Prinzessin war sogleich gesund.

Drei Tage lang wurde im ganzen Land gefeiert, weil die Prinzessin ins Leben zurückgekehrt war und die drei Söhne des Sultans heimgekommen waren.

Am vierten Tag ließ der Vater die drei Prinzen zu sich rufen und sprach: „Liebe Söhne! Ihr habt mir jeder ein wundersames Kleinod gebracht. Welches das seltsamste und kostbarste ist, kann ich nicht entscheiden. Ohne Alis Zauberfernrohr hättet ihr nicht sehen können, dass die Prinzessin todkrank war, und ohne Achmeds Zauberapfel wäre sie gewiss gestorben. Hätte aber Huseins fliegender Zauberteppich euch nicht so schnell in meinen Palast getragen, wärt ihr zu spät gekommen, um Nur-en Nahar zu retten. Nun müsst ihr wohl nochmals miteinander wetteifern, um die Braut zu gewinnen. Geht alle drei mit Pfeil und Bogen auf den Turnierplatz. Ich und mein Gefolge werden mit euch gehen und dabei sein, wenn ihr eure Pfeile abschießt. Jener, dessen Pfeil am weitesten fliegt, erhält Prinzessin Nur-en Nahar zur Frau."

Die drei Prinzen fanden den Entschluss ihres Vaters weise und gerecht und begaben sich mit ihm und dem Hofstaat auf den Turnierplatz.

Als Erster schoss der älteste der Brüder, Prinz Husein, seinen Pfeil ab, und der Pfeil flog weit über den Turnierplatz hinaus. Dann schoss Prinz Ali, und sein Pfeil flog weiter als der seines Bruders. Als Achmed an die Reihe kam, flüsterte er seinem Pfeil zu: „Flieg, so weit die Liebe reicht!"

Achmeds Pfeil schnellte von der Sehne und flog und flog, und niemand konnte sehen, wo er niederfiel. Der Sultan befahl, drei Tage lang nach dem Pfeil zu suchen, doch niemand fand ihn.

„Hört mit der Suche auf!", befahl der Sultan. „Achmeds Pfeil ist nicht zu finden! Was verloren ist, bleibt verloren! Ich, der Sultan des Reiches, Vater der drei Prinzen und Onkel der Prinzessin Nur-en Nahar, entscheide nun, dass Prinz Ali die Prinzessin zur Frau erhält."

Darauf wurde das Hochzeitsfest gerichtet und Nur-en Nahar mit Prinz Ali vermählt.

Husein, der die Prinzessin nicht weniger liebte als seine beiden Brüder, legte vor Kummer sein Prinzengewand ab und zog aus dem Palast fort in die Einsamkeit.

Dem jüngsten Sohn des Sultans aber ließ es keine Ruhe, dass sein Pfeil nicht aufzufinden war. Auch er verließ den Palast seines Vaters und machte sich auf die Suche. Zuerst ging er zu der Stelle, an der Huseins Pfeil niedergefallen war, dann ging er weiter, bis dorthin, wo Alis Pfeil im Boden gesteckt war. Er ging weiter und weiter in der Richtung, in die er seinen Pfeil abgeschossen hatte, wanderte tagelang über Berge und Täler und sah ihn endlich auf einer flachen Felsplatte liegen. Die Pfeilspitze zeigte auf eine eiserne Tür zwischen großen Felsblöcken.

Prinz Achmed hob den Pfeil auf, und als er ihn in der Hand hielt, war ihm, als ziehe der Pfeil ihn zu der Tür hin. Als Achmed davorstand, sprang sie auf, dahinter war ein dunkler Gang. Den Pfeil in der Hand ging Prinz Achmed in den Gang hinein. Plötzlich öffnete sich der Gang zu einem weiten, sanft schimmernden Raum. Als er eintrat, begannen die Wände zu funkeln, und es wurde plötzlich so hell, dass er die Augen schließen musste. Als er sie wieder öffnete, sah er in dem schimmernden Raum ein Mädchen stehen, das so zauberhaft schön war, wie er noch keines gesehen hatte. Das Mädchen war in ein kostbares, silberglänzendes Gewand gekleidet, und auf dem Kopf trug es ein Stirnband aus Diamanten. Von einer Schar lieblicher Dienerinnen gefolgt, ging das Mädchen auf Prinz Achmed zu und streckte ihm die Hand zum Gruß entgegen.

Prinz Achmed wusste nicht, ob er wach war oder träumte. Das Mädchen nahm seine Hand und sagte: „Du kommst spät, mein Prinz Achmed! Wa-

rum hast du mich so lange warten lassen?" Dabei sah sie ihn mit so herzlicher Liebe an, dass er ganz verzaubert vor ihr niederkniete.

„Steh auf!", sagte das schimmernde Mädchen. „Lass uns zu der Bank dort gehen und niedersetzen!"

Der Prinz wusste nicht, wie er all das deuten sollte, er stand auf, folgte dem Mädchen und setzte sich neben sie. „Woher kennst du meinen Namen?", fragte er. „Ich kenne dich nicht. Und warum empfängst du mich, den Fremdling, so freundlich?"

„Du kennst mich nicht", antwortete das Mädchen, „aber ich kenne dich sehr gut. Ich kenne auch deinen Vater, den Sultan, und deine Brüder Husein und Ali, und ich kenne auch die ganze Geschichte deiner Reise nach Samarkand. Bevor ich weitererzähle, will ich dir sagen, wer ich bin. Ich bin eine Peri, eine Fee, und die einzige Tochter des Geisterkönigs und heiße Peri Banu. Hast du noch niemals gehört, dass es außer der Menschenwelt, in der du lebst, noch eine andere Welt gibt, die der Geister? Für gewöhnlich könnt ihr Sterblichen uns nicht sehen, die wenigsten unter euch ahnen etwas von unserem Dasein, obwohl unsere Welt mitten in eurer Welt ist." Dann erzählte Peri Banu dem Prinzen, dass sie ihn eines Tages im Palast entdeckt hatte, dass sie ihn sogleich von Herzen geliebt hatte und traurig gewesen war, weil er Nur-en Nahar hatte heiraten wollen.

„Als dein Vater, nachdem du und deine Brüder die Prinzessin gerettet hatten, sich wieder nicht für einen von euch entscheiden konnte, bin ich euch auf den Turnierplatz gefolgt. Und weil ich dich liebe, konnte ich nicht anders, ich habe deinen Pfeil aus der Luft gefangen und brachte ihn bis zum Eingang in unser Geisterreich. Kannst du mir verzeihen?"

Prinz Achmed wusste nicht, was er sagen sollte. Die Worte der Fee rührten ihn so heftig an, dass er seine Liebe zu Nur-en Nahar vergaß und nur noch an die Fee Peri Banu denken konnte.

„Sei nicht traurig, dass du Nur-en Nahar nicht zur Frau gewonnen hast", hörte er die Fee sagen. „Sie liebt dich nicht, sie liebt deinen Bruder, den Prinzen Ali. Aber sie durfte ihn nicht selber wählen. Die Mädchen in eurer Welt müssen tun, was ihre Eltern über sie bestimmen. Die Mädchen in unserer Welt aber dürfen ihren Liebsten nach ihrem Herzen wählen. Und so habe ich dich gewählt! Den Mädchen aus dem Menschengeschlecht ist es auch nicht erlaubt, dem Mann, den sie lieben, ihre Liebe zu erklären. Wir Feen müssen nicht warten, bis der Mann uns von Liebe spricht. Wenn ich dich nun frage, Menschenprinz Achmed, willst du mich zur Gemahlin nehmen, dann sprich auch du, wie dir ums Herz ist. Gib mir deine Hand, wenn du mich liebst, und ich versprechе dir Treue und Liebe fürs Leben."

„Du hast meinen Pfeil gefangen und mit ihm mein Herz", antwortete Prinz Achmed und versprach ihr Treue und Liebe fürs Leben.

Peri Banu führte Prinz Achmed zu ihren Eltern. Der Geisterkönig und die Geisterkönigin umarmten die beiden und nahmen Achmed herzlich auf.

Sechs Monate lang war Achmed im Feenland vollkommen glücklich und vergaß sein früheres Leben. Eines Tages jedoch erinnerte er sich plötzlich an seinen Vater und gestand seiner Frau, dass er sich danach sehnte, ihn wiederzusehen. Da gab Peri Banu ihm Urlaub, und Prinz Achmed versprach, in drei Tagen ins Reich der Geister zurückzukehren.

„Bevor du ins Menschenland reitest", sagte Peri Banu, „musst du mir schwören, niemandem zu erzählen, dass du nun im Reich der Geister lebst, auch deinem Vater nicht! Sag ihm und allen anderen, dass du deinen Pfeil suchen gegangen bist und in einem fremden Land dein Glück gefunden hast. Unsere Geisterwelt muss für euch Menschen ein Geheimnis bleiben. Nur jene, die danach Sehnsucht haben, und jene, nach denen wir Sehnsucht haben, dürfen zu uns kommen. Die anderen Menschen würden unseren Frieden stören und ihre Unruhe und ihren Streit zu uns tragen."

Achmed versprach Peri Banu, das Geheimnis des Geisterreichs zu bewahren, und ritt zurück in die Menschenwelt.

Als er im Sultanspalast ankam, erhob sich großer Jubel. Der Sultan hatte seinen jüngsten Sohn, der so plötzlich verschwunden war, überall – nah und fern – suchen lassen, doch der Prinz schien wie vom Erdboden verschlungen zu sein. Als Achmed nun so unvermutet auf einem herrlichen Pferd und in kostbaren Gewändern zurückkehrte, schloss der Sultan seinen jüngsten Sohn in die Arme und wollte wissen, wo er so lange gewesen sei. Achmed erzählte, dass er seinen Pfeil gesucht und dass er mit dem Pfeil auch sein Glück gefunden habe. Vom Geisterreich erzählte er nichts. Auf alle Fragen seines Vaters antwortete er nur: „Mein Glück wäre verloren, Vater, wenn ich mein Geheimnis verriete."

Nach drei Tagen sagte Achmed: „Ich muss zu meinem Glück zurückkehren, aber von nun an werde ich einmal im Monat für drei Tage zu dir kommen, lieber Vater, um zu sehen, wie es dir geht." Dann ritt Prinz Achmed wieder in die Geisterwelt zurück.

Als der Sultan eines Tages starb, sagte Peri Banu: „Nun musst du ins Menschenreich zurückkehren, Liebster, dein Volk ruft dich. Hörst du es nicht? Du musst Sultan werden an deines Vaters statt."

„Ich habe zwei Brüder", antwortete Achmed. „Sie sind älter als ich und haben größeren Anspruch auf den Sultansthron."

„Husein, dein ältester Bruder", sagte Peri Banu, „ist glücklich und zufrieden in seiner Einsamkeit und will nicht Sultan werden. Dein Bruder Ali lebt glücklich und zufrieden mit seiner Nur-en Nahar und denkt nicht daran, sich die schweren Pflichten für das ganze Volk aufzubürden. Auch er will nicht Sultan werden."

„Woher weißt du das alles?", fragte Achmed.

„Vergiss nicht, dass ich eine Peri, eine Fee, und die Tochter des Geisterkönigs bin", antwortete Peri Banu. „Wir haben unsere Boten im Menschenreich. Es hilft nichts, Liebster, du musst deine Pflicht tun und Sultan werden. Dich liebt das Volk, und du wirst es weise regieren."

„Aber ich will dich nicht verlassen!", rief Achmed.

„Das musst du nicht", antwortete Peri Banu. „Ich werde mit dir gehen, und wir werden auch in der Menschenwelt miteinander glücklich sein."

„Erlaubt dir dein Vater, der Geisterkönig, dass du mit mir gehst?", fragte Achmed. „Ist deine Mutter damit einverstanden? Und wirst du dich nicht in deine Welt zurücksehnen?"

„Meine Eltern wollen, dass ich glücklich bin. Und ich kann sie immer wieder besuchen", antwortete Peri Banu. „Drei Tage lang jeden Monat. Wenn es dir recht ist."

Und so geschah es auch. Peri Banu zog mit ihrem geliebten Mann in den Sultanspalast, und die beiden lebten glücklich miteinander. Als Sultan Achmeds Menschenleben zu Ende ging, kehrte er mit seiner Fee in die Geisterwelt zurück, und dort leben sie immer noch.

Irgendwo in längst vergangenen Zeiten stand inmitten eines Blumengartens ein Schloss. Aus der Ferne meinte man, es könne kein prächtigeres Schloss geben und keinen schöneren Blumengarten. Trotzdem mieden Menschen und Tiere das Schloss und den Garten, denn dort wohnte die Fee der Bosheit, eine eiskalte Schönheit. Es hieß, dass jeder, der ihr Reich betrat, verloren sei und nie wieder gesehen werde.

Im Land lebten auch noch andere schöne Feen, die aber freundlich waren und Mensch und Tier wohlgesinnt. Eines Tages erhielten diese Feen eine Einladung von der Fee der Bosheit. Sie sollten alle in ihr Schloss kommen und vom Abend bis zum nächsten Morgen mit ihr ein glanzvolles Fest feiern mit den köstlichsten Speisen und erlesensten Weinen.

Die Feen wussten nicht, was davon zu halten war, sie kamen zusammen, um miteinander zu beraten. Sollten sie die Einladung der Fee der Bosheit annehmen oder nicht?

„Ich traue ihr alles zu, nur nichts Gutes", sagte die Fee der Morgenröte. „Wenn ihr meine Meinung wissen wollt, würde ich raten, nicht hinzugehen."

„Das ist auch meine Meinung", sagte

die Fee der Abenddämmerung. „Allerdings könnten wir sie dadurch erzürnen, und das wollen wir wiederum auch nicht."

„Aber wer weiß, was sie vorhat!", sagte die Fee der Blumen. „Gehen wir lieber nicht hin!"

„Wenn wir nicht hingehen", sagte die Fee des Friedens, „wird sie glauben, dass wir Streit mit ihr suchen. Und ein Streit unter uns Feenschwestern ist das Allerletzte, was wir wünschen."

Eine nach der anderen sagten die Feen ihre Meinung, die einen waren dafür, die anderen dagegen.

Schließlich sagte die Fee der Güte: „Habt ihr bedacht, dass sie vielleicht ihrer Bosheit müde geworden ist? Dass sie uns eingeladen hat, damit wir ihr helfen und beistehen, eine gute Fee zu werden?"

„Wer wäre dazu besser geeignet als wir!", rief die Fee der Liebe.

Eine Weile ging es noch hin und her, dann einigten sich die Feen, die Einladung anzunehmen. Sie seien, so sagten sie, viele gegen eine und hätten daher nichts zu befürchten, was immer auch die Fee der Bosheit vorhabe.

Die jüngste der Feen hatte die ganze Zeit still zugehorcht. Keine der Feen hatte sie um ihre Meinung gefragt, sie war – wie die anderen glaubten – zu jung und zu unerfahren. Sie hatte auch noch keinen richtigen Zauberstab, nur ein Zauberstäbchen zum Üben.

Als die Feen voneinander Abschied genommen hatten, blieb die jüngste Fee nachdenklich allein zurück. „Es stimmt, wir sind viele", dachte sie, „aber keine von uns hat böse Gedanken. Ist da nicht die Fee der Bosheit im Vorteil? Sollten wir nicht wissen, was sie vorhat, bevor wir zu ihr gehen?"

„Ich werde es auskundschaften", sagte die jüngste Fee zu sich und ging zum Schloss der bösen Fee. Als sie den Garten betrat, musste sie all ihren Mut zusammennehmen, nicht fortzulaufen. Kein Vogel sang oder flatterte in den Zweigen. Keine Biene summte, kein Käferchen krabbelte an einem Halm hoch. Der Schlossteich war ein brodelndes, stinkendes Schlammloch, der Springbrunnen eine Schlammfontäne. Statt nach duftenden Blumen roch es nach Moder. So schön die Blüten auch waren, aus ihren Kelchen träufelte Gift, und klebrige Fangarme streckten sich nach der jüngsten Fee aus. Sie schlug

mit ihrem Zauberstäbchen danach – sonst wäre es ihr wohl schlecht ergangen – und gelangte heil ins Schloss.

Unheimlich still war es dort! Die jüngste Fee schlich durch endlose Gänge, schlich treppauf und treppab und hörte endlich Stimmen aus dem Festsaal. Sie huschte hinein und verbarg sich hinter einem Vorhang.

Die Fee der Bosheit diktierte ihrem Sekretär, einem hässlichen Affen, die Liste der köstlichen Speisen und erlesenen Weine. „Sie sollen nur recht vergnügt und fröhlich sein", zischte sie, „alle meine eingebildeten, hochnäsigen und überheblichen Schwestern, die glauben, etwas Besseres zu sein als ich. Aber wie werde ich erst vergnügt und fröhlich sein, wenn sie meinen Zaubertrank getrunken haben. Dann, du Scheusal von einem Affen, habe ich sie nämlich in Kröten, Spinnen und Skorpione verwandelt!"

„Zaubertrank", kritzelte der Sekretär.

Die jüngste Fee hatte genug gehört. Sie huschte aus dem Saal, lief aus dem Schloss, lief aus dem Garten und lief, so schnell sie nur konnte, zur Feengroßmutter.

Die Feengroßmutter war schon seit Jahren im Ruhestand, sie wohnte in einem gemütlichen, rosenumrankten Häuschen. Als die jüngste Fee dort ankam, saß die Feengroßmutter auf der Bank vor dem Häuschen, ließ die Sonne auf sich scheinen und genoss das Nichtstun.

„Liebes Kind", sagte sie zu der jüngsten Fee, „ich freue mich, dass du mich besuchen kommst. Aber warum so eilig? Du bist ja ganz atemlos."

„Es ist wegen der Fee der Bosheit!", rief die jüngste Fee. „Wir können doch nicht zulassen, dass meine Schwestern Kröten werden, Spinnen und Skorpione!"

„Die Fee der Bosheit?", fragte die Feengroßmutter. „Und Skorpione, Spinnen und Kröten? Setz dich zu mir, liebes Kind, beruhige dich und erzähle alles der Reihe nach."

Die jüngste Fee setzte sich neben die Feengroßmutter auf die Bank. Hier war alles, wie es sein sollte. Vögel sangen und flatterten in den Zweigen. Bienen summten und Käferchen krabbelten an den Halmen hoch. Die jüngste Fee holte tief Atem und berichtete, was sich zugetragen hatte. Sie erzählte von der Einladung der bösen Fee und was sie auf deren Schloss erlauscht hatte.

„Kein Grund zur Aufregung", sagte die Feengroßmutter. „Sag deinen Schwestern, was die Fee der Bosheit vorhat, dann wird keine auf ihr Schloss gehen."

„Aber aufgeben wird sie bestimmt nicht!", sagte die jüngste Fee. „Wenn ihr dieser Plan nicht gelingt, wird sie sich noch Schlimmeres ausdenken. Wir werden nie sicher vor ihr sein. Und diesmal sind wir gewarnt, das nächste Mal vielleicht nicht."

„Da hast du auch wieder recht", sagte die Feengroßmutter.

„Leih mir deinen Zauberstab!", bat die jüngste Fee. „Damit kann ich den bösen Zauber aufheben, und der Zaubertrank wird meinen Schwestern nicht schaden."

„Mein Zauberstab ist zwar mächtig", sagte die Feengroßmutter, „aber einen so bösen Zauber kann er nur mildern. Statt in Kröten, Spinnen und Skorpione wird er sie in weiße Tauben verwandeln."

„Weiße Tauben? Wie schön!", rief die jüngste Fee, fügte aber nachdenklich hinzu: „Meine Schwestern wird es nicht freuen, statt Feen immerzu weiße Tauben zu sein!"

„Wenn sie erst weiße Tauben sind", erklärte die Feengroßmutter, „kannst du ihnen mit meinem Zauberstab ihre wahre Gestalt zurückgeben. Dieses Problem wäre gelöst."

„Es gibt noch eines", sagte die jüngste Fee. „Was machen wir mit der Fee der Bosheit?"

„Lass mich nachdenken", sagte die Feengroßmutter, schloss die Augen und saß still da. Die jüngste Fee saß auch still da und schaute sie erwartungsvoll an. Nach einer Weile öffnete die Feengroßmutter die Augen, beugte sich zu der jüngsten Fee hinab, flüsterte ihr ins Ohr, was zu tun sei, und flüsterte die dazu notwendigen Zaubersprüche. Dann reichte sie ihr den Zauberstab.

„O Großmutter!", rief die jüngste Fee. „Was für ein guter Rat! Danke, liebe Großmutter!"

Die jüngste Fee gab ihr zum Abschied einen Kuss, umarmte sie und lief frohgemut nach Hause.

Der Tag der Einladung kam. Am Abend wanderten die Feen gemeinsam zum Schloss der bösen Fee. Wohl fühlten sie sich nicht, aber als sie den Garten betraten, streckten sich keine Fangarme nach ihnen aus. Die giftigen Blumen schliefen und das Schloss erstrahlte einladend im Licht unzähliger Kerzen.

Am Eingang erwartete sie der Sekretär und führte sie die Treppe hinauf in den prächtig geschmückten Festsaal. Auf der langen Festtafel standen die köstlichsten Speisen und erlesensten Weine. Die Fee der Bosheit kam ihren Schwestern mit weit geöffneten Armen entgegen. „Wie freue ich mich, dass ihr gekommen seid!", rief sie. „Lasst uns nun gemeinsam feiern!"

„Ich habe es gewusst", sagte die Fee der Güte, „sie ist der Bosheit müde und will, dass wir ihr helfen, eine gute Fee zu werden."

Während die Fee der Bosheit die anderen Feen mit süßen Worten umgarnte, gebrauchte die jüngste Fee ihre Augen. In der Mitte der Festtafel stand eine große Schale aus Alabaster, bis zum Rand gefüllt mit einem im Licht der Kerzen schillernden Getränk. „Das muss der Zaubertrank sein", sagte die jüngste Fee zu sich, berührte die Schale mit dem Zauberstab und wisperte den Zauberspruch, den die Feengroßmutter sie gelehrt hatte.

„Bevor wir uns zum Festmahl niedersetzen", sagte die Fee der Bosheit, „wollen wir gemeinsam auf unsere Freundschaft trinken." Der Sekretär füllte für jede Fee einen Becher mit dem Zaubertrank. Die jüngste Fee hütete sich allerdings, auch nur davon zu nippen.

„Trinkt, liebe Schwestern!", rief die Fee der Bosheit.

Die Feen leerten ihre Becher und der Zauber ging in Erfüllung. Freilich anders, als es sich die Fee der Bosheit vorgestellt hatte. Statt Kröten, Spinnen und Skorpione flatterte im Saal ein Schwarm weißer Tauben, die fra-

gend gurrten, als wüssten sie nicht, was mit ihnen geschehen war. Die kalten Augen der Fee der Bosheit sprühten Funken. „Du Scheusal!", schrie sie den Sekretär an. „Was hast du falsch gemacht? Warte nur, dafür reiße ich dir das Fell in Stücke!"

„Nicht er war es! Ich war's!", sagte die jüngste Fee und trat vor die Fee der Bosheit hin. „Was du meinen Schwestern antun wolltest, soll nun dir selber geschehen." Die jüngste Fee hob den Zauberstab und sagte den zweiten Zauberspruch der Feengroßmutter. Im selben Augenblick war aus der bösen Fee ein armseliges, kümmerliches Schlänglein geworden. Nicht einmal fingerlang war es, es wand und krümmte sich hilflos auf dem Boden. Vorsichtshalber verzauberte die jüngste Fee auch den Sekretär und verwandelte ihn in ein winziges Würmchen, das jeder unachtsame Tritt zertreten konnte.

Dann gab die jüngste Fee den anderen Feen ihre wahre Gestalt wieder. Da standen sie nun, blickten einander verwundert an und wussten nicht, ob sie geträumt hatten oder ob sie wirklich weiße Tauben gewesen waren.

„Die Fee der Bosheit wollte euch in Kröten, Spinnen und Skorpione verwandeln", erklärte die jüngste Fee. „Ich habe ihren Plan belauscht, und die Feengroßmutter lieh mir ihren Zauberstab. Den bösen Zauber ganz aufheben konnte er nicht, also musste ich euch zuerst in weiße Tauben verwandeln. Und das da", die jüngste Fee zeigte auf das kümmerliche Schlänglein und den winzigen Wurm, „sind die Fee der Bosheit und ihr Sekretär. Was machen wir mit ihnen?"

„Sollen sie doch bleiben, was sie jetzt sind!", rief die Fee der Abenddämmerung.

„Und für immer im Staub kriechen", sagte die Fee der Morgenröte.

„Liebe Schwestern", sagte die Fee der Güte, „sollten wir nicht versuchen, ihr zu helfen? Wenn sie uns erlaubt, ihr ein gutes Herz zu geben, heben wir

den Zauberspruch der Großmutter auf." Das erbärmliche, armselige Schlänglein wand und krümmte sich und zischelte und zischte. Ohne Bosheit könne und wolle es nicht leben!

Der jüngsten Fee aber war es, als sehe das Würmchen, das einst der Sekretär gewesen war, sie flehend an. „Und du?", fragte sie. „Willst du deine Gestalt wiederhaben und ein gutes Herz dazu?" Das Würmchen richtete sich auf und nickte eifrig mit dem winzigen Köpfchen.

Die jüngste Fee hob den Zauberstab und sprach den Zauberspruch, und aus dem Würmchen wurde ein freundlicher Affe mit einem weißen Backenbart und sanften Augen.

„Was die Fee der Bosheit betrifft", sagte die Fee des Friedens, „dürfen wir trotzdem nicht vergessen, dass sie eine Fee und unsere Schwester ist, auch wenn sie die Strafe verdient hat. Verwandeln wir sie in ihre wahre Gestalt, aber verbannen wir sie gleichzeitig ans Ende der Welt. Dann sind wir sie für immer los."

„Genau das hat uns die Großmutter geraten", sagte die jüngste Fee.

Die Fee des Friedens zerbrach den Zauberstab der bösen Fee. Dann hoben alle – auch die jüngste Fee – die Zauberstäbe, gaben der Fee der Bosheit ihre wahre Gestalt wieder und verbannten sie ans Ende der Welt.

Kaum hatten sie den Zauber zu Ende gesprochen, stand die Fee der Bosheit in ihrer eiskalten Schönheit vor ihnen, doch schon einen Herzschlag danach war sie verschwunden.

Draußen im Garten aber ging Sonderbares vor sich. Obwohl es mitten in der Nacht war, begannen Vögel zu singen, sie flöteten und tirilierten um die Wette. Die Feen gingen staunend hinaus. Der Garten hatte sich verwandelt. Das Wasser des Springbrunnens sprang fröhlich hoch und fiel in glitzernden Tropfen wieder herab. Glasklares Wasser füllte den Schlossteich. Die Blumen träufelten nicht mehr Gift und streckten keine Fangarme aus, ihre Blüten hatten sich weit geöffnet und verströmten süßen Duft. Das Schloss der bösen Fee aber fiel in sich zusammen. Es knackte leise, es rieselte, dann lösten sich die Mauern in Staub auf.

Die ganze Nacht feierten die Feen im schönen Garten. Unter dem funkelnden Sternenhimmel tanzten sie der Reihe nach mit dem freundlichen Affen und ließen immer wieder die jüngste Fee hochleben, deren Mut und Klugheit sie alle gerettet hatten. Einen richtigen Zauberstab versprachen sie ihr auch.

Als der Morgen dämmerte, ging das Fest zu Ende und die Feen nahmen Abschied voneinander. Die jüngste Fee eilte zum Häuschen der Feengroßmutter und gab ihr den Zauberstab zurück.

„Ist nun alles gut geworden?", fragte die Feengroßmutter.

„Ja", sagte die jüngste Fee. „Alles ist so, wie du es mir geraten hast. Außerdem bekomme ich nun einen richtigen Zauberstab."

„Ist auch an der Zeit!", sagte die Feengroßmutter und gab der jüngsten Fee einen Kuss.

Hatten früher Menschen und Tiere den Garten
der Fee der Bosheit gemieden, so kamen sie nun
von nah und fern, um ihn zu bewundern und sich
daran zu erfreuen. Der freundliche Affe wurde der
Gärtner und war besonders bei den Kindern beliebt. Wann
immer die Feen ein Fest feierten, kamen sie in dem schönen Garten zusammen, in dem nichts mehr an die Fee der
Bosheit erinnerte.

Ein reicher Kaufherr besaß ein vornehmes Haus in der Stadt und ein Haus auf dem Land. Weil er aber die Vergnügungen der Stadt dem ruhigen Landleben vorzog, verbrachte er immer nur wenige Wochen dort und schließlich auch das nicht mehr. Das Haus stand verlassen da, niemand kümmerte sich um den Garten. Das Gras wuchs hoch, die Büsche wucherten. Aus dem einst schönen Garten wurde eine Wildnis.

Der Kaufherr hatte einen armen Verwandten, einen jungen Studenten namens Liang, der sich auf die Große Staatsprüfung in der Kaiserstadt vorbereitete. Seine Eltern waren gestorben, und als das bescheidene Erbe, das sie ihm hinterlassen hatten, aufgebraucht war, wandte er sich an seinen reichen Verwandten und bat um Hilfe. Aus Mitleid – und da es ihn nichts kostete – bot der Kaufherr dem jungen Liang die Gärtnerhütte auf dem

Landsitz als Unterkunft an. Dort könne ein Student, wie Liang es sei, meinte der Kaufherr, in aller Ruhe über seinen Büchern sitzen.

Liang bedankte sich, packte seine Bücher und seine paar Habseligkeiten in ein Bündel und machte sich auf den Weg zum Landhaus.

Die Gärtnerhütte war halb verfallen, aber Liang war froh, ein Dach über dem Kopf zu haben. Als er aber den Garten betrat, wurde ihm schwer ums Herz. Hier hatte er als Kind mit Dai-yu, dem Fräulein Tochter des Kaufherrn, gespielt. Was für eine Pracht war damals der Garten gewesen! Je nach Jahreszeit hatten Blumen in allen Farben geblüht – Päonien, Chrysanthemen, Kamelien und was es sonst noch an Blumenschönheiten gab. Wie traurig sah der Garten jetzt aus! Seit vielen Tagen hatte es nicht geregnet, die Erde war staubtrocken. Die Blumen waren am Verdursten, sie ließen die Köpfe hängen, die Blüten verwelkten.

Liang lief in die Hütte, fand einen alten Eimer und holte Wasser vom Brunnen. Er ging von Blume zu Blume und goss sie sorgsam. Er lockerte die Erde, er jätete Gras und Kräuter, wenn sie zu dicht wuchsen und die Blumen bedrängten.

Der Tag neigte sich dem Ende zu. Im Dämmerlicht des Abends war es Liang auf einmal, als höre er leichte Schritte und ein leises Lachen. Es raschelte wie von Frauengewändern, er meinte zu spüren, wie etwas sein Gesicht streifte, so sacht wie ein Schmetterlingsflügel.

„Was bilde ich mir da nur ein!", dachte Liang und lächelte über sich selbst.

„Das kommt davon, weil ich in diesem Garten immerzu an Dai-yu denken muss. Hier waren wir glücklich, sie und ich. Ich wünschte …" Aber was er sich wünschte, daran durfte jemand, der so arm war wie er, nicht einmal denken. Gewiss würde Dai-yus Vater einen Kaufherrn oder einen Mandarin als ihren Gatten erwählen.

Tage und Wochen vergingen. Um sich den täglichen Reis zu verdienen, ging Liang zu den Bauern in der Umgebung, die froh waren, jemanden zu haben, der lesen und schreiben konnte. Er schrieb einmal diesen, dann jenen Brief, er las dieses oder jenes Schriftstück vor. Es gab aber auch Tage, an denen niemand seine Dienste brauchte und er hungrig blieb.

Sobald er jedoch im Garten war, vergaß er alle Mühsal. Er brachte den Blumen Wasser, er schnitt das Gras, er jätete die Beete. War eine Blüte zu schwer, stützte er sie mit einem Bambusstab. Bald war der Garten keine Wildnis mehr.

An das leise Lachen, an die leichten Schritte, an die sanfte Berührung wie von Schmetterlingsflügeln hatte er sich so sehr gewöhnt, dass er es selbstverständlich fand und sich nicht mehr darüber wunderte.

Jeden Abend, bis tief in die Nacht hinein, saß er über seinen Büchern und studierte.

Die magere Kost, die anstrengenden Fußmärsche zu den Höfen der Bauern, das nächtliche Studium, all das ging allmählich über seine Kräfte. Von Tag zu Tag fühlte er sich schwächer, und immer öfter geschah es, dass er über seinen Büchern einnickte. Die Angst vor der Zukunft begann ihn zu quälen. Wie sollte er, wenn er nicht fleißig studierte, die Große Staatsprüfung bestehen?

Eines Nachts, als er wieder einmal hungrig und erschöpft am Studiertisch eingeschlafen war, schreckte ihn ein Geräusch auf. Die Tür öffnete sich, und eine Schar lieblicher Mädchen kam herein. Ihre Körper waren so zart, dass sie durchsichtig zu sein schienen, ihre Gewänder waren schwerelose Schleier in leuchtenden Farben.

Liang wollte seinen Augen nicht trauen. „Wer seid ihr?", fragte er.

„Kennst du uns nicht?", fragte eines der Mädchen, das in seinem rosafarbenen Kleid einer voll erblühten Päonie glich. „Wir sind die Blumenelfen dieses Gartens. Du hast uns Wasser gebracht, als wir am Verdursten waren. Tag für Tag hast du uns betreut. Ohne dich wären wir elend umgekommen. Jetzt ist es an uns, dir zu helfen. Sei guten Mutes und vertraue uns."

Im nächsten Augenblick schienen die Mädchen sich in Luft aufzulösen und waren verschwunden. Liang war allein in der Hütte. Süßer Blumenduft erfüllte sie und auf dem Boden verstreut lagen Blütenblätter. Hatte er geschlafen und alles nur geträumt? Aber wie kamen Blütenblätter in die Hütte?

Bevor er sich darüber im Klaren war, überfiel ihn angenehme Müdigkeit, und er sank in einen tiefen, erholsamen Schlaf.

Am nächsten Morgen kam ein Diener aus dem Haus des Kaufherrn und brachte Liang eine stärkende Suppe, eine volle Reisschüssel, gedünstetes Gemüse, gebratene Fleischstückchen und einen Krug Wein.

„Herr Liang", sagte der Diener, „das schickt Euch unser Fräulein. Vergangene Nacht hatte sie einen seltsamen Traum. Ihr träumte, eine Schar lieblicher Mädchen käme in ihre Kammer. Es können keine Sterblichen gewesen sein, meint das Fräulein, denn ihre Körper waren so zart, dass sie wie durchsichtig schienen. Ihre Kleider waren luftige Schleier in allen Farben der Blumen. Die Mädchenschar entführte unser Fräulein in diesen Garten, und sie sah Euch am Studiertisch, bleich und hohlwangig und vom Hunger geschwächt. Unser Fräulein hat mir daher befohlen, Euch von nun an jeden Tag eine volle Reisschüssel und einen Krug Wein zu bringen."

Da wusste Liang, dass er nicht geträumt hatte. Er trug dem Diener auf, dem Fräulein Tausend Dank zu sagen. Noch nie zuvor hatte ihm eine Mahlzeit so köstlich geschmeckt wie diese. Der Wein belebte seine Sinne, er fühlte sich wie neugeboren.

Nachdem alles aufgegessen und der Wein getrunken war, ging Liang in den Garten, ging von Blume zu Blume. „Dai-yu hat mich nicht vergessen!", rief er immer und immer wieder. „Und euch, meinen guten Freundinnen, sage ich wie ihr Tausend Dank!"

Die Blumen nickten ihm zu, er hörte die leichten Schritte, vernahm das leichte Lachen und war glücklich.

Von diesem Tag an musste er nicht mehr Stunden um Stunden über Land laufen. Er studierte tagsüber – manchmal auch in die Nacht hinein – und fand Erholung im Garten bei seinen Freundinnen, den Blumenelfen.

Dann war es an der Zeit, nach der Kaiserstadt aufzubrechen, denn der Tag der Großen Staatsprüfung nahte. Jetzt erst wurde Liang bewusst, wie alt und schäbig seine Kleider waren. Die Schuhe waren abgetragen, die Sohlen durchlöchert. Würde man ihn als Studenten annehmen, wenn er wie ein Bettler aussah? Und wer würde den Blumen Wasser geben, wenn er viele Tage fort war?

Am nächsten Morgen, als der Diener in den Garten kam, brachte er nicht nur Wein und Reis, er übergab Liang ein neues Gewand und neue Schuhe, auch einen Beutel voll Münzen für die Reise.

„Das schickt Euch unser Herr", erklärte er, und als Liang vor Staunen kein Wort hervorbrachte, fuhr der Diener fort: „Unser Fräulein hat wieder einmal geträumt, und da ging sie zu unserem Herrn und sagte, er dürfe nicht zulassen, dass sein Verwandter wie ein Bettler in die Kaiserstadt käme, das würde der Familienehre schaden. Was aber den Garten betrifft, macht Euch keine Sorgen. Ich werde ihn betreuen, bis Ihr wiederkommt."

In der Nacht vor der Abreise konnte Liang sich vom Garten nicht trennen und schlief schließlich vor Müdigkeit mitten unter den Blumen ein. Ihm träumte – nur wusste er, dass es kein Traum war –, dass die Blumenelfen sich um ihn versammelten und eine nach der anderen ihm glücksverheißende Wünsche zuflüsterte.

Auf dem Weg in die Kaiserstadt schloss sich Liang einer Gruppe reisender Kaufleute an und erreichte ohne Zwischenfälle und sicher sein Ziel. Hunderte junger Männer – Söhne angesehener, reicher Familien oder Arme wie Liang – waren gleich ihm hierhergekommen, in der Hoffnung, die Große Staatsprüfung erfolgreich zu bestehen. Die Besten wurden mit der Mandarinwürde und einem hohen Posten im Reich belohnt. Andere mussten zufrieden sein, wenn sie irgendwo eine Sekretärstelle bekamen. Wer die Prüfung nicht bestand, dem blieb nichts anderes übrig, als es im nächsten Jahr noch einmal zu versuchen.

Am Morgen des Prüfungstages pilgerte Liang mit den anderen jungen Männern zur großen Prüfungshalle. Jeder der Kandidaten wurde in eine Zelle geführt, erhielt Tusche, Pinsel und Papier und die Prüfungsaufgabe. Dann wurde die Zellentür abgeschlossen, um erst dann wieder geöffnet zu werden, wenn die Arbeiten der Kandidaten eingesammelt wurden.

Liang saß in seiner winzigen Zelle. Zu den Besten zu zählen, darauf machte er sich keine Hoffnung. Unter der großen Schar der Studenten aus dem ganzen Reich waren gewiss viele, die gebildeter und begabter waren als er und mit denen er sich nicht messen konnte. Wenn es ihm nur gelang, die Prüfung zu bestehen! Als er aber die Prüfungsaufgabe las, verließ ihn der Mut. Sein Kopf war plötzlich leer, er brachte nicht einmal einen einzigen Satz zustande.

Wie er so verzagt dasaß, erfüllte auf einmal süßer Blumenduft die Zelle, ein paar Blüten schwebten herab. „Meine Freundinnen stehen mir bei!", dachte Liang und war wieder voller Zuversicht. Er ergriff den Pinsel, bedeckte Blatt um Blatt mit Schriftzeichen und war mit seiner Arbeit fertig, lange bevor die Herren der Prüfungskommission seine Zelle aufschlossen.

Am Tag danach kamen Boten in die einfache Herberge, in der er abgestiegen war, und verkündeten ihm, dass er die Ehre hatte, der Allerbeste der Besten zu sein. Liang wollte es nicht glauben und meinte, die Boten hätten sich geirrt. Erst als seine Mitkandidaten ihn im Triumphzug durch die Kaiserstadt führten und ihm die Menge zujubelte, begriff er, dass das, was er nie zu hoffen gewagt hätte, Wirklichkeit war.

Der Himmelsohn, der Kaiser, empfing ihn im kaiserlichen Palast, hohe Würdenträger luden ihn zu Festmählern ein. Der Zufall oder besser gesagt das Schicksal wollte es, dass er in seiner Heimatprovinz zum kaiserlichen Statthalter ernannt wurde.

Als Liang in seine Stadt zurückkehrte, war er kein armer Student mehr, er war ein Mandarin ersten Ranges und die angesehenste Person in der ganzen Provinz. Ein Mandarin als Schwiegersohn ist einem Kaufherrn – und mag der noch so reich sein – höchst willkommen. Liang und Dai-yu heirateten. Zur Hochzeit schenkte ihnen der Kaufherr das Haus und den Garten auf dem Land. Handwerker hatten dem Besitz wieder zu seinem alten Glanz verholfen. Gärtner betreuten den Garten. Liang und Dai-yu ließen es sich aber nicht nehmen, den Blumen Wasser zu bringen, wenn diese durstig waren. Die schönste Zeit des Tages waren für das junge Ehepaar jene Stunden, die sie im Garten verbrachten, in der Gesellschaft der Blumenelfen, denen sie ihr Glück verdankten.

Nirgendwo anders, so hieß es bald in der ganzen Provinz, blühten die Blumen in solcher Pracht wie im Garten des Mandarins.

Einst lebte in den Bergen Sardiniens ein junger Hirt. Jeden Morgen trieb er die Schafe seines Herrn auf die Weide, und jeden Abend kehrte er mit ihnen zum Stall zurück. Er war ein fröhlicher Bursch, der nichts besaß als seine Hirtenflöte und einen festen Hirtenstock, mit dem er wilde Tiere von der Herde vertreiben konnte. Waren seine Schafe auf der Weide angelangt, setzte er sich ins Gras und blies ihnen auf der Flöte Lieder vor. Mittags packte er sein Brot und ein wenig Schafkäse aus, betrachtete die schönen Berge ringsum oder legte sich auf den Rücken und träumte in den Himmel hinein.

Eines Tages, als er in seiner Mittagsruhe beinahe eingeschlafen war, berührte etwas seine Wange. Erschrocken setzte er sich auf und schaute um sich. Aber da war niemand. „Ich muss die Schafe zählen, ob auch alle da sind", sagte der junge Hirt zu sich.

Er begann zu zählen und zählte und merkte, dass eines seiner Schafe fehlte. Noch dazu war es sein Lieblingsschäfchen, das kleinste und jüngste seiner

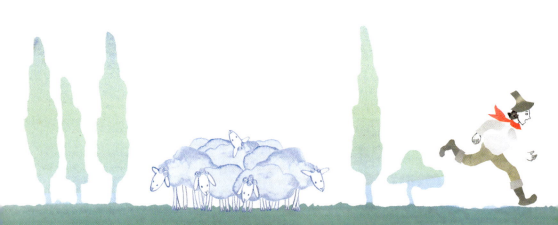

Herde. Der junge Hirt sprang auf und begann, das Lamm zu suchen. Er suchte und suchte, aber er fand es nicht.

„Es muss sich verstiegen haben", dachte er. „Irgendwo zwischen den Felsen dort!" Er lief zu den Felsen hin, kletterte hinauf, suchte und fand das Lämmchen. Es stand gefährlich nahe am Abgrund und knabberte an einem Busch.

„Du dummes Ding", schalt der junge Hirt zärtlich. „Komm, ich bring dich zur Herde zurück!"

Das Lämmchen aber sprang fort und blökte, als wolle es ihn auffordern, mit ihm zu gehen.

Der junge Hirt kletterte dem Lämmchen nach. An einem kleinen, sonnigen Platz blieb es stehen und wartete auf ihn. Als er näher kam, sah er zwischen den Felsen den Eingang zu einer Höhle. Das Lämmchen lief in die Höhle hinein, und der junge Hirt folgte ihm.

Es war dunkel in der Höhle, dunkler als eine Nacht ohne Mond und Sterne. Langsam wurde es aber heller, und der Hirt und sein Lämmchen kamen in einen hohen, weiten Raum, der von tausend und tausend Lichtern in allen Farben funkelte. Und mitten in dem Leuchten und Gefunkel stand ein wunderschönes Fräulein in einem Gewand, das aussah wie ein rosiges Wölkchen in der Morgensonne.

„Willkommen!", sagte sie. „Du bist ein guter Hirt und hütest treulich deine Schafe."

„Wer bist du?", fragte der junge Hirt. Er konnte sich nicht fassen vor Staunen über die seltsame, glitzernde Welt, in die er geraten war.

„Ich bin eine Bergfee", antwortete das Fräulein. „Du hast mich sicher schon oft gesehen. Jeden Morgen gehe ich in eurer Welt draußen spazieren und jeden Abend auch. Wahrscheinlich hast du mich für eine Wolke in der Morgensonne oder in der Abendsonne gehalten. Wir Bergfeen schützen unser Gebirge vor gierigen Menschen, die ihm seine Schätze rauben wollen und in der Welt damit oft Böses anrichten. Menschen aber, die Gutes tun, belohnen wir. Schau dich um, Hirtenjunge, wie es hier unten von Edelsteinen, Gold und Silber glänzt und funkelt. Nimm dir, so viel du tragen kannst, und kehr mit deinem Lämmchen in deine Welt zurück. Nütz deinen Schatz gut, dann bist du reich und wirst immer glücklich und zufrieden und nicht mehr ein armer Schafhirt sein."

„Ich brauche keinen Schatz", sagte der junge Hirt. „Ich will bei meinen Schafen bleiben! Ich will Lieder auf meiner Flöte blasen und manchmal nichts tun, als in den Himmel schauen. Der ist blauer als jeder Edelstein, und die Sonne leuchtet wärmer als Gold."

„Ich habe mir so etwas gedacht", sagte die Bergfee. „Geh also, nimm dein Lämmchen und führe es nach Hause. Aber ein Gastgeschenk musst du annehmen." Die Bergfee holte aus ihrem Gewand ein silbernes Glöckchen hervor. „Dieses silberne Glöckchen", sagte sie, „schenke ich deinem kleinen Lamm, das dich zu mir geführt hat. So wirst du immer wissen, wo dein Schäfchen ist, auch wenn es sich verlaufen hat. Und nun leb wohl."

Die Fee band dem Lamm das silberne Glöckchen um. Der Hirt verließ die glitzernde Höhle und kehrte auf die Weide zurück. Als er am Abend mit der Herde heimkam, war es später geworden als an den anderen Abenden,

und da stand sein Herr und wollte wissen, wo er so lange gewesen sei. Der junge Hirt erzählte von der Bergfee und der Wunderhöhle im Berg. Sein Herr wunderte sich und konnte nicht verstehen, warum der junge Hirt sich nicht alle Hosensäcke mit Edelsteinen und Gold vollgestopft hatte.

„Wenn mein Schafhirt schon zu dumm ist, um reich zu werden", dachte er, „dann werde eben ich mir das Gold und die Edelsteine holen!"

„Gleich morgen früh führst du mich zur Höhle!", befahl er. „Wenn du es nicht tust, jage ich dich aus meinem Dienst."

Der junge Hirt bekam Angst, sein Herr könnte ihn von seinen lieben Schafen trennen, und er versprach, ihn am nächsten Tag zu der Höhle zu führen.

Als sie am frühen Morgen danach zu dem Ort kamen, wo der junge Hirt in den Berg hineingegangen war, konnten sie den Eingang zur Höhle nicht finden. Da war nichts als Fels!

„Du elender Träumer!", rief der Herr zornig. „Jagst mich am helllichten Morgen in diese öde Gegend wegen nichts und wieder nichts! Geh sofort an deine Arbeit! Die Schafe müssen auf die Weide."

Der Herr ging nach Hause und war tagelang böse auf sich selber, weil er dem dummen, jungen Schafhirten das Märchen geglaubt hatte. Dass die Geschichte, die der Hirt ihm erzählt hatte, kein Märchen war, erfuhr er nie. Denn er konnte das silberne Glöckchen am Hals des jüngsten Lamms nicht sehen und nicht hören.

Der junge Hirt aber war glücklich und konnte sein Lebtag das wundersame Erlebnis mit der Bergfee nicht vergessen. Und wenn er morgens oder abends rosige Wolken über den Himmel spazieren sah, war ihm – auch dann noch, als er schon ein alter Schafhirt geworden war –, als winke ihm eine der Bergfeen einen fröhlichen Gruß zu.

DORNRÖSCHEN

In den alten Zeiten, lang ist es her, waren ein König und eine Königin, die wünschten sich so sehr ein Kind, bekamen aber keines. Einmal, als die Königin am Schlossteich saß, sagte sie vor sich hin: „Ach, hätte ich doch ein Kind! Ach, wenn ich doch ein Kind hätte!"

Wie sie das sagte, plätscherte es im Wasser, ein Frosch hüpfte ans Ufer und sprach: „Dein Wunsch soll erfüllt werden. Bevor ein Jahr vergeht, wirst du eine Tochter haben."

Was der Frosch vorausgesagt hatte, das geschah. Noch bevor das Jahr zu Ende ging, bekam die Königin ein Mädchen. Vor Freude wusste der König sich kaum zu fassen, er bereitete ein großes Fest vor und lud von weit und breit Verwandte, Freunde und Bekannte ins Schloss ein. Auch die Feen,

die weisen Frauen, die in seinem Reich lebten, wurden eingeladen, damit sie dem Königskind freundlich gesinnt wären. Es waren ihrer dreizehn Feen, weil aber nur zwölf goldene Teller da waren, lud der Haushofmeister eine von ihnen nicht ein, und das war die dreizehnte Fee.

Das Fest wurde in aller Pracht gefeiert und als es zu Ende war, beschenkten die Feen das Kind mit ihren Gaben. „Die Königstochter soll so schön sein wie der lichte Tag", wünschte die erste Fee. „Sie soll schön sein, aber auch klug", sagte die zweite Fee. „Was nützt es, schön und klug zu sein, wenn einem das Allerwichtigste fehlt", sagte die dritte Fee. „Ich schenke der Königstochter ein gutes Herz."

Eine nach der anderen traten die Feen an die Wiege und wünschten dem Kind alles, was auf dieser Welt zu wünschen ist. Als die elfte der Feen ihren Wunsch gesprochen hatte, trat plötzlich die dreizehnte Fee in den Saal, die sich dafür rächen wollte, dass sie nicht eingeladen worden war. Ohne jemanden zu grüßen oder auch nur anzusehen, rief sie mit lauter Stimme: „Die Königstochter soll sich in ihrem fünfzehnten Jahr an einer Spindel

stechen und tot hinfallen." Danach verließ sie den festlichen Saal, wiederum ohne jemanden zu grüßen oder auch nur anzusehen.

Die Gäste im Schloss waren zu Tod erschrocken. Dem König und der Königin blieb das Herz fast stehen, da trat die zwölfte Fee, die ihren Wunsch noch übrig hatte, an die Wiege. „Den bösen Wunsch kann ich nicht aufheben", sagte sie, „aber es soll kein Tod sein, in den die Königstochter fällt, sondern nur ein hundertjähriger, tiefer Schlaf."
Der König, der sein Kind vor dem Unglück bewahren wollte, befahl, alle Spindeln in seinem Reich zu verbrennen. Die guten Wünsche der Feen aber gingen in Erfüllung. Die Königstochter war so schön, freundlich und verständig, dass jedermann sie lieb haben musste.

Die Jahre vergingen und allmählich dachte niemand mehr an den Spruch der dreizehnten Fee. An dem Tag, an dem die Königstochter fünfzehn Jahre alt wurde, geschah es, dass der König und die Königin mit ihrem Gefolge nicht im Schloss waren. Das Mädchen blieb allein zurück, ging im Schloss herum und trat einmal in diese Kammer,

dann in jene, wie es eben
Lust hatte. Endlich kam es
zu einem alten Turm und
stieg die enge Wendeltreppe
hinauf bis ganz oben, wo eine
kleine Tür war. Als die Königstochter den verrosteten Schlüssel
umdrehte, sprang die Tür von selber auf. In der Turmkammer saß
eine alte Frau mit einer Spindel
und spann Flachs.

„Guten Tag, Mütterchen", sagte die Königstochter, „was machst du da?"
„Ich spinne", antwortete die Alte und nickte mit dem Kopf.
„Wie das Ding herumspringt!", rief die Königstochter und griff neugierig
nach der Spindel.
Kaum hatte sie aber die Spindel berührt, erfüllte sich der böse Wunsch,
und sie stach sich damit in den Finger. Im selben Augenblick fiel sie auf das
Bett nieder, das in der Turmkammer stand, und lag da in einem tiefen
Schlaf. Und Schlaf kam über das ganze Schloss. Der König und die Königin, die eben heimgekommen und in den Thronsaal getreten waren, schliefen ein und mit ihnen der Haushofmeister und der ganze Hofstaat. Die
Pferde im Stall schliefen, die Hunde im Hof, die Tauben auf dem Dach,
die Fliegen an der Wand. Das Feuer auf dem Herd flackerte leiser, wurde
still und erlosch. Der Braten hörte auf zu brutzeln. Der Koch schlief ein,

ohne den Küchenjungen am Ohr zu zupfen, weil dieser wieder einmal nicht aufmerksam gewesen war. Der Wind legte sich und auf den Bäumen vor dem Schloss regte sich kein Blättchen mehr.

Rings um das Schloss begann eine Dornenhecke zu wachsen, die jedes Jahr höher wurde und endlich das ganze Schloss umwucherte und darüber hinaus wuchs, bis nichts mehr davon zu sehen war, nicht einmal die Fahne auf dem Dach.

Im ganzen Land aber erzählte man sich von dem schönen schlafenden Dornröschen, so wurde die Königstochter genannt. Von Zeit zu Zeit kamen Prinzen und versuchten, ins Schloss einzudringen, aber die dichten Dornenranken hielten sie fest und ließen sie nicht durch.

Nach langen Jahren kam wieder einmal ein Prinz in das Land und hörte, wie ein alter Mann von der Dornenhecke erzählte, hinter der ein Schloss stehen sollte, in dem Dornröschen, die schöne Königstochter, schon seit hundert Jahren schlief und mit ihr der König und die Königin und alles, was im Schloss lebte. „Viele Prinzen", sagte der Alte, „sind schon gekommen und wollten ins Schloss, doch keinem ist es gelungen, und man sagt, sie seien in den Dornenranken hängen geblieben und elend umgekommen."

„Ich fürchte mich nicht", sagte der Prinz, „ich will und muss das schöne Dornröschen sehen." Der Alte mochte ihm abraten, wie er wollte, der Prinz hörte nicht auf ihn. Nun waren aber gerade hundert Jahre vergangen, und der Tag war gekommen, an dem Dornröschen erwachen sollte. Als der Prinz zur Dornenhecke kam, war sie bedeckt mit den schönsten Blüten, die Ranken teilten sich von selber und ließen ihn durch.

Im Stall schliefen die Pferde, im Schlosshof lagen die scheckigen Jagdhunde und schliefen. Auf dem Dach saßen die Tauben und hatten die Köpfchen unter die Flügel gesteckt. In der Küche schliefen die Fliegen an der

Wand, das Feuer war erloschen. Der Koch streckte die Hand nach dem Ohr des Küchenjungen aus, die Küchenmagd saß auf einem Schemel und hatte ein Huhn in den Händen, das gerupft werden sollte.

Der Prinz ging weiter und sah, wie im Saal der ganze Hofstaat schlafend dalag, und oben auf dem Thron schliefen der König und die Königin. Wieder ging der Prinz weiter, und alles war so still, dass er seinen eigenen Atem hören konnte. Endlich kam er zu dem Turm, stieg die Wendeltreppe hinauf und öffnete die Tür zu der Kammer, in der Dornröschen schlief.

Da lag es und war so schön, dass er die Augen nicht abwenden konnte, er bückte sich und gab ihm einen Kuss. Wie er es mit dem Kuss berührte, schlug Dornröschen die Augen auf, erwachte und blickte ihn freundlich an.

Dann gingen sie gemeinsam die Wendeltreppe hinab und gingen in den Thronsaal. Als sie eintraten, erwachten der König und die Königin, der Haushofmeister und der ganze Hofstaat und sahen einander mit großen Augen an und wussten nicht, wie ihnen war.

Die Pferde im Stall standen auf und schüttelten die Mähnen. Die Jagdhunde sprangen auf und wedelten. Die Tauben auf dem Dach zogen die Köpfchen unter den Flügeln hervor, gurrten und flogen fort auf die Felder.

Die Fliegen an den Wänden krochen weiter. Das Feuer im Herd fing zu flackern an, der Braten brutzelte. Der Koch zupfte den Küchenjungen am Ohr, die Magd rupfte das Huhn fertig. Die Hochzeit des Prinzen mit Dornröschen wurde in aller Pracht gefeiert, und sie lebten glücklich miteinander bis zu ihrem Ende.

Als noch die Ritter ihre Burgen bauten, um schöne Ritterfräulein kämpften und auszogen, um fremde Länder zu erobern, lebte in einem kleinen Dorf in Schottland ein junger Bursch mit dem Namen Tom. Die Leute nannten ihn Tom den Träumer, weil er mitunter vor sich hin schaute, als sehe er etwas, das andere nicht sahen. Manchmal ging Tom über die Dorfwiese bis zum Waldrand hinauf, legte sich dort ins Gras und horchte auf das Knistern der Wiese und das Flüstern des Windes in den Zweigen, und dabei war ihm, als sei er in einer anderen Welt. Wenn er dann ins Dorf zurückkehrte, fragten sie ihn: „Hast du wieder einmal das Gras wachsen hören, Tom? Erzähl!" Tom sagte darauf nicht ja und nicht nein, ging seine Rüben jäten oder Holz klein machen und dachte: „Was soll ich ihnen erzählen? Sie haben ja taube Ohren!"

An einem hellen Maientag, als er wieder einmal am Waldrand auf der Wiese lag, hörte er plötzlich ein Klimpern wie von silbernen Glöckchen und das Getrappel von Pferdehufen. Tom setzte sich auf und sah ein Pferd

mit einer Reiterin über die Wiese kommen. Das Pferd war grau und hatte goldene Zügel und Steigbügel aus Kristall. Und auf dem Sattel aus rotem Samt saß eine schöne Dame, in Samt und Seide gekleidet und auf dem Kopf eine kleine goldene Krone. Die Dame hielt neben Tom das Pferd an, beugte sich freundlich zu ihm nieder und sagte: „Sieh mich nicht so verwundert an, Tom! Hast du mich nicht gerufen?"

Tom konnte sich nicht regen vor Schreck und Staunen.

„Steh auf, Tom", sagte die schöne Reiterin.

Da konnte Tom sich erheben und sagte – und wusste nicht, wie ihm die Worte auf die Lippen kamen: „Darf ich Euch einen Kuss geben, Elfenkönigin?"

Die Elfenkönigin lächelte. „Schön, dass du mich erkennst", sagte sie. „Dafür sollst du deinen Kuss haben." Sie gab ihm einen Kuss auf die Stirn und befahl ihm dann: „Setz dich zu mir auf mein Pferd!"

Tom setzte sich hinter die Elfenkönigin, hielt sich an dem rotsamtenen Sattel fest, und das Pferd begann zu traben.

Sie ritten die Wiese bis zu der Straße hinunter, die ins Dorf führte, aber die sah ganz anders aus als sonst. Links und rechts wuchs plötzlich Dorngebüsch, struppig und wild und ohne Blüten. Die Straße wurde bald zu einem schmalen, steinigen Pfad, der steil nach unten lief. Das Elfenpferd trabte abwärts, und der Pfad wurde zu einem düsteren Hohlweg, der unter die Erde führte.

Das Elfenpferd trabte und trabte nun durch tiefste Finsternis. Tom wurde es so angst, dass er fast die Besinnung verlor.

Plötzlich brach die Dunkelheit auseinander, und das graue Pferd trabte nun in hellem Licht durch grüne Wiesen und bunte Blumengärten. Bald tauchte in der Ferne ein prächtiges Schloss auf.

„Wir wären fast zu spät gekommen", sagte die Elfenkönigin zu Tom. „Aber ich konnte mit dir nicht so schnell reiten wie der Wind bläst, du wärst mir sonst vom Pferd gefallen!"

Gleich darauf ritten sie durch das Tor des prächtigen Schlosses in den Schlosshof ein, und Tom sah auf einem erhöhten Platz den Thron des Elfenkönigs stehen und daneben einen zweiten. Dort hielt die Elfenkönigin ihr Pferd an.

In dem Schlosshof spazierten festlich gekleidete Damen und Ritter in glänzenden Rüstungen, und überall tummelten sich Pagen und boten Körbchen mit süßen, bunten Früchten an, und Musikanten begannen ihre Flöten und Harfen, Trommeln und Lauten zu stimmen.

Ein Reitknecht half der Elfenkönigin vom Pferd und auf ihren Thron, und Tom rutschte von seinem Sitz und kniete ganz verstört vor dem Königspaar nieder.

„Wen hast du uns denn da gebracht?", fragte der Elfenkönig die Elfenkönigin.

„Das ist Tom der Träumer", sagte die Elfenkönigin. „Er ist ein Mensch, aber er kann Elfen sehen. Mich hat er über eine Wiese am Waldrand reiten sehen. Die meisten Menschen halten Wiesen und Wälder bloß für Futtergras und Brennholz und verspotten einen wie Tom, weil er mehr sieht und hört als sie."

„Das ist sehr traurig", sagte der Elfenkönig. „Wir werden ihm helfen müssen!" Er winkte Tom, der noch immer auf den Thronstufen kniete, er solle aufstehen.

„Es ist gut, dass meine Königin dich zu uns gebracht hat", sagte der Elfenkönig. „Wir wollen dir helfen. Aber erst sag mir: Hast du diesen Leuten nie erzählt, was du auf der Wiese und am Waldrand siehst und hörst?"

„Ich hab es versucht, aber sie haben mir nicht geglaubt", antwortete Tom. „Sie haben mich ausgelacht."

„Weil du die rechten Worte nicht gefunden hast", sagte der Elfenkönig. „Wir werden dir helfen, damit niemand dich mehr verspotten kann. Aber vorerst sollst du noch eine Weile im Elfenreich bleiben. Wir feiern ein Fest, das drei Tage dauert. Und du sollst mit uns feiern."

Drei Tage lang blieb Tom im Elfenreich, und als das Fest zu Ende war, ließ der Elfenkönig ihn rufen und sagte zu ihm: „Nun wirst du genug zu erzählen haben, wenn du heimkommst. Hab keine Angst mehr vor dem Spott der Leute. Sie haben dich Tom den Träumer genannt. Das bist du und das sollst du auch bleiben. Aber sie werden dich bald nicht mehr Tom den Träumer, sondern Tom den Reimer nennen. Denn wer den Weg ins Elfenreich findet, erhält, wenn er wieder heimkehrt, von mir, dem König der Elfen, ein Gastgeschenk. Dir, Tom, verleihe ich die Gabe, zu dichten und zu reimen und auszusprechen, was bis heute nur in deinem Herzen lebendig war."

Nach dieser langen Rede schwieg der Elfenkönig, Tom wusste nicht recht, ob das schon ein Abschied war und was er nun tun sollte. Da erhob sich die Elfenkönigin. Sie holte aus ihrem Gewand eine Laute hervor und sagte zu ihm: „Diese Laute, Tom der Reimer, soll mein Gastgeschenk für dich sein. Du wirst auf ihr spielen und dazu singen, wie dir ums Herz ist, und die Herzen der Menschen rühren. Denn du wirst von nun an ein Dichter und Sänger sein, die Menschen werden mit dir lachen und weinen und verstehen lernen, dass die Welt nicht so klein und eng ist, wie sie geglaubt haben."

Tom nahm die Laute aus den Händen der Elfenkönigin, und es drängte ihn so sehr, zu singen und zu erzählen und dazu die Laute erklingen zu lassen, dass er sogleich zu singen und zu reimen und zu spielen anfing und gar nicht merkte, dass der Reitknecht ihn auf das Pferd der Elfenkönigin setzte und das Pferd lostrabte, durch Licht und Dunkelheit und wieder

Licht, und plötzlich fand sich Tom auf der Dorfwiese wieder. Er lag im Gras und sah das graue Elfenpferd davontraben und verschwinden. Und neben ihm lag die Laute der Elfenkönigin.

Von diesem Tag an reimte und sang und spielte Tom auf seiner Laute und rührte die Herzen der Menschen, und niemand hat ihn mehr verspottet. Und manch einer, der Toms Liedern gelauscht hat, konnte plötzlich das Gras wachsen hören.

Im fernen Land China erhebt sich ein Berg, der Lu-schan heißt. Seine
Hänge sind bewaldet, und mitten im Wald entspringt eine Quelle, deren
Wasser so klar ist wie der Himmel an einem strahlend wolkenlosen Tag.
Am Fuß des Berges liegt ein kleines Dorf.

Einst, vor langer Zeit, so erzählt man sich, lebte oben auf dem Berg das
Jadehirschlein. Manchmal hörten Leute aus dem Dorf, wenn sie vom Berg
heimkehrten, ein Klingeln wie von hundert Silberglöckchen. Und manchmal meinten sie, es zwischen den Bäumen wie Silber blitzen zu sehen. Das
Jadehirschlein gesehen hatte aber noch kein Mensch.

Man erzählt sich auch, dass an der Quelle im Wald jede Nacht die Him-

melsfeen zusammenkamen, um in dem klaren Wasser zu baden. Erblickt hatte sie aber – wie das Jadehirschlein – noch niemand.

Damals, vor langer Zeit, gab es im Dorf einen reichen Gutsbesitzer, der so habgierig und geizig war, dass es ihm um jede Kupfermünze leidtat, die er für sein Gesinde ausgeben musste. Auf dem Hof arbeitete auch ein Waisenjunge, der Yüan hieß. Jeden Tag musste er auf den Berg gehen und Brennholz sammeln. Mochte er noch so fleißig sein, seinem Herrn konnte er es nicht recht machen, statt freundlicher Worte gab es nur Schläge, und zu essen bekam er auch nie genug.

Als Yüan in dem Alter war, in dem andere junge Männer daran dachten, sich eine Frau zu suchen, ging er eines Tages wie immer auf den Berg und sammelte Brennholz. Am späten Nachmittag, die Sonne stand schon tief am Himmel, kam er an der Quelle im Wald vorbei und sah etwas im Moos glitzern. Er legte das schwere Reisigbündel ab, bückte sich und hob das glitzernde Ding auf. Es war eine silberne Haarnadel.

Wem mochte sie gehören? Yüan schaute um sich, aber da war niemand. „Gewiss hat sie jemand aus dem Dorf verloren", dachte er und steckte die Haarnadel ein.

Er schulterte das Reisigbündel und ging den Berg hinunter. Im Dorf ging er von Hütte zu Hütte, aber keiner wusste, wem die silberne Nadel gehörte.

Am nächsten Tag beschloss Yüan, sie in den Wald zurückzubringen. Er stieg auf den Berg, sammelte Brennholz und kam zu der Quelle, als die Sonne sich dem Horizont zuneigte. „Wer immer die Nadel verloren hat", sagte er zu sich, „wird sie hier suchen. Am besten ist es, ich warte, bis jemand kommt."

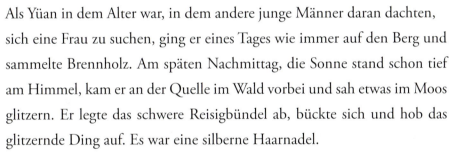

Yüan wartete und wartete. Die Sonne ging unter, es wurde dunkel. Sterne leuchteten am Himmel. Der Mond ging auf, sein mildes Licht verzauberte den Wald.

Auf einmal war es Yüan, als sei er nicht mehr allein. Er schaute auf und sah vor sich ein Mädchen stehen, das so schön war, wie er bisher noch keines gesehen hatte. Die Augen leuchteten wie Sterne, das Gewand schimmerte wie Gold.

Yüan stand stumm da, er brachte kein Wort hervor.

„Yüan", fragte das schöne Mädchen, „hast du nicht meine silberne Haarnadel gefunden?"

Er reichte sie ihr wortlos.

Dann war ihm, als höre er eine liebliche Musik, die vom Himmel herabzukommen schien. Das Mädchen aber war verschwunden.

Auf dem Weg zurück ins Dorf musste Yüan immerzu an das schöne Mädchen denken. War sie eine der Himmelsfeen, von denen man sagte, dass sie nachts im reinen

Wasser der Quelle badeten? Aber das konnte nicht sein, denn es hieß auch, dass kein menschliches Auge eine Fee erblicken konnte.

Yüan konnte die schöne Unbekannte nicht vergessen. Tagsüber sehnte er sich danach, sie wiederzusehen, und Nacht für Nacht träumte er von ihr. Sooft er auch zur Quelle im Wald ging, das Mädchen im goldschimmernden Gewand war nicht dort.

Eines Tages kam er abends müde und hungrig zur Quelle. Seine Abendmahlzeit – einen kleinen Reiskuchen – hatte er am Morgen in einem Beutel am Ufer zurückgelassen. Er setzte sich ins Moos, freute sich schon auf den Kuchen, doch der Beutel war leer. Nicht ein Körnchen Reis war darin.

War einer aus dem Dorf gekommen und hatte den Reiskuchen gestohlen? Oder war der Dieb ein Tier aus dem Wald gewesen? Yüan schaute um sich, entdeckte aber keine Spur im Farn und im Moos, weder von Mensch noch von Tier.

An diesem Abend ging er hungrig zu Bett.

Und so war es auch am nächsten Abend und am übernächsten.

„Warte nur, du Dieb!", dachte Yüan. „Wer immer du bist, ich erwische dich!"

Am Tag danach legte er den Beutel neben die Quelle, kletterte auf eine hohe Föhre und versteckte sich im Geäst.

Er wartete geduldig. Als die Sonne hinter dem Berg verschwand und das Tageslicht erlosch, flirrte es silbrig zwischen den Bäumen, und es klingelte wie hundert Silberglöckchen. Das Flirren wurde zu einem blendend hellen Schein. Yüan musste die Augen schließen, und als er sie wieder öffnete, stand an der Quelle ein Hirschlein. Sein Körper glänzte wie edelste weiße Jade, und es war in aller Ruhe dabei, den Reiskuchen zu verspeisen.

Yüan sprang vom Baum. „Also, du bist es, der mir meinen Reiskuchen stiehlt!", sagte er vorwurfsvoll. „Ich würde ihn dir gern vergönnen, aber hast du daran gedacht, dass ich nun jeden Abend hungrig zu Bett gehen muss?"

„Ich habe deine Reiskuchen gegessen", antwortete das Jadehirschlein und klingelte, „aber ich nehme niemals etwas, ohne dafür etwas anderes zu geben. Ich kann dir helfen, eine Braut zu finden. Möchtest du nicht eine haben?"

„Das möchte ich schon", sagte Yüan, seufzte und dachte an das schöne Mädchen. „Wer aber so arm ist wie ich, kann nicht für eine Frau sorgen."

„Darüber mach dir keine Gedanken!", erklärte das Jadehirschlein. „Diese Braut sorgt für sich selber. Und für dich noch dazu! Komm heute Nacht hierher und versteck dich im Gebüsch. Neun Feen werden vom Himmel herabsteigen, um in der Quelle zu baden. Wähle dir jene aus, die dir am besten gefällt. Nimm ihr Kleid und lauf fort. Ohne ihr Kleid kann sie nicht in den Himmel zurückkehren und wird deine Frau werden."

Das Jadehirschlein klingelte und sprang anmutig fort. Yüan packte das Reisigbündel, rannte ins Dorf, lieferte es im Gutshof ab, rannte zurück auf den Berg und versteckte sich bei der Quelle im Gebüsch.

Wieder stand der Mond am Himmel und verzauberte den Wald. Kein

Lufthauch bewegte das stille Wasser der Quelle. Dann war es, als schwebe ein Leuchten vom Himmel herab, süße Musik ertönte. Das Mondlicht neben der Quelle verdichtete sich und wurde zu einem Mädchen in einem rot glänzenden Kleid. Gleich danach erschien die zweite Fee, ihr Kleid war grün. Die Nächste trug ein lilafarbenes Gewand.

Yüan wagte kaum zu atmen. Eine Fee nach der anderen kam vom Himmel herab. Jedes Mal hoffte er, das schöne Mädchen im goldschimmernden Kleid zu erblicken, und jedes Mal wurde er von neuem enttäuscht. Schon waren acht Feen an der Quelle, doch das Mädchen, nach dem er sich sehnte, war nicht dabei.

Endlich, er hatte schon alle Hoffnung aufgegeben, erschien die neunte Fee – und diesmal war es die rechte! Sie legte das goldschimmernde Kleid ab und stieg mit den anderen in das klare Wasser der Quelle.

Yüan konnte sein Glück kaum fassen. Er verließ das Versteck und schlich leise zur Quelle. Schon wollte er die Hand nach dem Feenkleid ausstrecken – aber dann tat er es doch nicht.

„Wer bin ich schon", dachte er, „dass dieses schöne Mädchen meine Frau werden soll? Ich, Yüan, der arme Waisenjunge! Wenn ich ihr das Kleid wegnehme, kann sie nicht in den Himmel zurückkehren. Wie unglücklich wird sie dann sein! Soll ich ihr das antun? Nein!"

Er zog sich zurück, so leise es nur möglich war, und ging traurig den Berg hinunter. Nach einer Weile war ihm, als höre er Schritte hinter sich. Er blieb stehen und wandte sich um. Vor ihm stand das schöne Mädchen im goldschimmernden Kleid und lächelte ihn an.

„Yüan", sagte es, „warum gehst du fort? Willst du nicht, dass ich deine Frau werde?"

Yüan brachte kein Wort hervor.

„Ich war es", fuhr das schöne Mädchen fort, „die ins Moos bei der Quelle die silberne Haarnadel legte. Viele hätten sie behalten, du aber hast sie mir zurückgegeben. Ich war es, die das Jadehirschlein zu dir sandte. Du hättest mein Kleid wegnehmen können, aber du hast es nicht getan. Dich und keinen anderen will ich zum Mann nehmen. Willst du das?"

Da fand Yüan endlich seine Sprache wieder und sagte: „Ja, das will ich!"

Von nun an war Yüan kein armer Waisenjunge mehr. Denn wer eine Fee zur Frau hat, braucht sich, wie das Jadehirschlein vorausgesagt hatte, keine Sorgen mehr zu machen. Er arbeitete nicht mehr auf dem Gutshof. Seine junge Frau spann Fäden, die so leicht und schwerelos waren wie Sommerwölkchen, und webte daraus Stoffe, die ebenso leicht und schwerelos waren und in allen Farben des Regenbogens schillerten. Yüan verkaufte die Stoffe auf dem Markt in der Stadt. Von dem Geld, das er heimbrachte, erwarb er ein kleines gemütliches Haus und ein paar Felder ringsum, auf denen er Reis und Gemüse pflanzte.

Alle im Dorf wunderten sich über Yüans unverhofftes Glück, aber keiner missgönnte es ihm. Nur einer wurde von Neid und Eifersucht geplagt, das war sein früherer Herr, der reiche Gutsbesitzer.

Abend für Abend schlich er zu Yüans Haus und lauschte am Fenster, weil er hoffte, irgendwann einmal zu erfahren, was es mit der schönen Frau auf sich hatte. Eines Abends kam er gerade zurecht, als die beiden darüber sprachen, wie sie sich mit Hilfe des Jadehirschleins gefunden hatten.

Am nächsten Tag packte der Gutsherr nicht nur einen Reiskuchen, sondern gleich fünf in einen Beutel und stieg den Berg hinauf. Bei der Quelle angekommen, legte er den Beutel ans Ufer, kletterte auf die Föhre und wartete. Als die Sonne sich dem Horizont zuneigte, flirrte es silbrig zwischen den Bäumen und es klingelte wie hundert Silberglöckchen. Das Jadehirschlein kam zur Quelle und fing an, die Reiskuchen zu verspeisen.

Der Gutsherr sprang vom Baum.

„Also du bist der Dieb!", schrie er. „Was fällt dir ein, einem armen Menschen wie mir die Reiskuchen zu stehlen?"

„Ich nehme nie etwas, ohne etwas anderes dafür zu geben", antwortete das Jadehirschlein. „Ich kann dir helfen, eine Braut zu finden."

„Wo finde ich sie?", schrie der Gutsherr. „Sag es! Sag es mir!"

Und das Jadehirschlein sagte, wo die Braut zu finden war, und verschwand klingelnd im Wald.

Der Gutsherr versteckte sich im Gebüsch und wartete. Die Sonne ging unter, es wurde dunkel. Sterne glitzerten, der Mond ging auf. Vom Himmel schwebte ein Leuchten herab, süße Musik ertönte. Eine Fee nach der anderen kam zur Quelle, bis es acht waren. Sie legten die Kleider ab, stiegen in das klare Wasser und badeten. So viel Glanz und Schönheit hatte der Gutsherr noch nie in seinem Leben gesehen.

„Alle nehme ich zur Frau!", dachte er. „Und dann müssen sie spinnen und weben vom Morgen bis zum Abend!"

Er malte sich aus, wie unendlich reich er bald sein würde, schlich zur Quelle, raffte die Feenkleider an sich und lief davon.

Nach einer Weile war ihm, als höre er Schritte hinter sich – und da hatten ihn die acht Himmelsfeen schon eingeholt. Die Erste begann mit ihm zu tanzen, drehte sich im Kreis, immer schneller und schneller, bis dem Gutsherrn fast die Sinne schwanden. Kaum war der Tanz zu Ende, packte ihn die nächste Fee, dann die Dritte, die Vierte, die Fünfte, alle acht, eine nach der anderen. Sein Jammern und Flehen half ihm nicht. Die Himmelsfeen lachten nur und wirbelten weiter im Kreis mit ihm herum. Sie tanzten, bis der Morgen graute, dann schwebten sie hinauf in den Himmel. Der Gutsherr aber lag bewusstlos im Moos und im Farn.

Am nächsten Tag fanden ihn seine Knechte, trugen ihn heim und legten ihn auf sein Bett. Dort blieb er liegen, sprach kein Wort und starrte nur vor sich hin. Er hatte den Verstand verloren. Eines Tages lief er aus dem Haus und lief in den Wald. Als man nach ihm suchte, lag er tot neben der Quelle.

Yüan, der nun reich geworden war, kaufte den Gutshof. Seine Frau und er fanden immer ein freundliches Wort für das Gesinde, und reichlich zu essen für alle gab es auch.

Nie wieder aber hat einer aus dem Dorf ein silbriges Flirren im Wald gesehen, das Jadehirschlein war für immer verschwunden. Und niemals wieder – so heißt es – kamen die Feen vom Himmel herabgeschwebt, um im klaren Wasser der Quelle zu baden. Bis zu diesem Tag aber wird sie Feenquelle genannt. Im Dorf erzählt man sich noch immer von Yüan, dem armen Waisenjungen, der sein gutes Herz bewahrt hatte, auch als er reich geworden war, und man erzählt sich von seiner schönen Frau, der er sein Glück verdankte.